O guia definitivo para empreender com sucesso

Eduardo Moreira

O guia definitivo para empreender com sucesso

Ciência, ferramentas práticas e estudos de caso para revolucionar seu negócio

1ª edição

Rio de Janeiro
2025

Copyright © Eduardo Moreira, 2025

Capa: Luka Farias
Imagem de capa: Material de divulgação ICL
Diagramação: Abreu's System

Todos os direitos reservados. É proibido reproduzir, armazenar ou transmitir partes deste livro, através de quaisquer meios, sem prévia autorização por escrito.

Texto revisado segundo o Acordo Ortográfico da Língua Portuguesa de 1990.

Direitos desta edição adquiridos pela
EDITORA CIVILIZAÇÃO BRASILEIRA
Um selo da
EDITORA JOSÉ OLYMPIO LTDA.
Rua Argentina, 171 – 3º andar – São Cristóvão
Rio de Janeiro, RJ – 20921-380
Tel.: (21) 2585-2000.

Seja um leitor preferencial Record.
Cadastre-se no site www.record.com.br
e receba informações sobre nossos lançamentos e nossas promoções.

Atendimento e venda direta ao leitor:
sac@record.com.br

CIP-BRASIL. CATALOGAÇÃO NA PUBLICAÇÃO
SINDICATO NACIONAL DOS EDITORES DE LIVROS, RJ

M837g   Moreira, Eduardo
      O guia definitivo para empreender com sucesso : ciência, ferramentas práticas e estudos de caso para revolucionar seu negócio/ Eduardo Moreira. – 1. ed. – Rio de Janeiro: Civilização Brasileira, 2025.

      ISBN 978-65-5802-156-8

      1. Empreendedorismo. I. Título.

25-97630.0   CDD: 658.421
                       CDU: 005.342

Gabriela Faray Ferreira Lopes – Bibliotecária – CRB-7/6643

Impresso no Brasil
2025

SUMÁRIO

Prefácio, por Rafael Donatiello 7

1. Os princípios básicos e as verdades que não são ditas 9

2. Empresa × Negócio 45

3. Estudos de caso 75

4. *Animal behavior* e economia comportamental 101

5. Economia comportamental: gatilhos mentais 127

6. Apresentações em público e método de vendas 157

7. Conselhos de Eduardo Moreira para quem quer empreender 195

PREFÁCIO

Rafael Donatiello[1]

Há encontros que mudam tudo.

Lembro-me com clareza daquele 23 de outubro de 2017. Eu estava em um evento a trabalho em Belo Horizonte quando recebi um telefonema insistente de um amigo: "Você precisa voltar para São Paulo. Hoje." Era o lançamento de um livro de Eduardo Moreira. E eu ainda não o conhecia pessoalmente.

Mudei meus planos, antecipei o voo, enfrentei uma tempestade e o caos do trânsito paulistano. Cheguei na livraria pontualmente. E ali, naquele evento que seria apenas mais um lançamento, aconteceu algo que só mais tarde eu entenderia como ponto de inflexão na minha jornada.

O que era para ser um simples aperto de mãos virou uma conversa. A conversa virou um projeto. E o projeto, com o tempo, virou um sonho compartilhado: o Instituto Conhecimento Liberta, uma obra de empreendedorismo social, construída com propósito, que hoje já impactou centenas de milhares de vidas.

---

1. Cofundador e sócio de Eduardo Moreira no Instituto Conhecimento Liberta (ICL).

8 | O guia definitivo para empreender com sucesso

Ao longo desses anos, tive o privilégio de caminhar ao lado de Eduardo, um pensador inquieto, um realizador incansável e, acima de tudo, um ser humano comprometido com a transformação do mundo.

Este livro que você tem em mãos é exatamente isso: um convite à transformação.

Mas não espere promessas fáceis, atalhos mágicos ou histórias romantizadas. Eduardo abre as portas do empreendedorismo com muita honestidade – compartilha erros, aprendizados, frustrações e sucessos.

É um guia, sim. Mas é também um espelho. Porque em cada capítulo você vai se ver confrontado com suas próprias crenças, decisões, inseguranças e sonhos.

Ao ler este livro, você entenderá que empreender não é sobre abrir uma empresa. É sobre abrir espaço dentro de si para pensar diferente, agir com intenção e construir algo maior do que você.

É sobre ciência, sim. Sobre estratégia, também. Mas, sobretudo, é sobre pessoas, valores e coragem.

Se você chegou até aqui buscando ferramentas para empreender com sucesso, ótimo. Você vai encontrá-las. Mas talvez encontre algo ainda mais valioso: uma nova forma de olhar para si, para o outro e para o mundo.

Eduardo, obrigado por mais essa entrega.

Você não escreveu apenas um livro. Você abriu um caminho.

Boa leitura!

1.
OS PRINCÍPIOS BÁSICOS E AS VERDADES QUE NÃO SÃO DITAS

Vamos começar com uma visão realista, apresentando os fatos como são, sem enfeites ou eufemismos. Nosso objetivo é compreender os princípios e as verdades que raramente são discutidos sobre como desafiar o sistema e superar grandes empresas e negócios. É fundamental partirmos desse ponto para desmistificar as ilusões propagadas por *coaches* oportunistas e falsos gurus da internet.

No capitalismo, há uma primeira verdade: o jogo é **você contra todos**. Essa é a natureza do sistema. Pode ser uma realidade dura, mas é inegável. E, ao contrário do que muitos pregam, você dispõe de muito menos recursos e oportunidades para enfrentar essa batalha do que gostariam de fazê-lo acreditar. **Não se trata de um jogo que depende exclusivamente do seu esforço, no qual basta dedicação para garantir o sucesso.** O ambiente é hostil, a competição é implacável e, matematicamente, as chances de fracasso superam em muito as chances de êxito.

Nesse cenário, alcançar o sucesso implica, inevitavelmente, vencer. E, por definição, para cada vencedor, há inúmeros perdedores. **Vencer, no nosso sistema, não é sinônimo de prosperar.** A estrutura vigente nos força a competir, e **vencer significa derrotar.** Assim, o próprio sistema produz uma maioria de perdedores.

A tão exaltada livre concorrência, muito defendida como um pilar da economia de mercado, é, na prática, um conceito teórico raramente aplicado. Nenhum país ou grande empresa pratica genuinamente a livre concorrência. Os que chegam ao topo fazem de tudo para impedir que novos concorrentes surjam. Essa estratégia é conhecida como "chutar a escada", expressão utilizada pelo economista alemão Friedrich List há mais de um século. O princípio é simples: quem atinge o sucesso se empenha em eliminar a concorrência para se manter no topo.

Isso se aplica a grandes corporações, multinacionais e até a economias inteiras. Quando uma grande potência econômica atinge um patamar elevado, passa a adotar práticas que dificultam que outros países sigam o mesmo caminho. Da mesma forma, uma empresa que domina um setor busca barrar novos entrantes por meio de estratégias como monopólios, controle de mercado e regulações que favorecem apenas os já donos do jogo.

Certa vez, um amigo muito respeitado e inteligente me disse: "Por trás de uma grande fortuna, quase sempre há um grande crime." Trata-se de uma afirmação forte, mas, infelizmente, muitas vezes verdadeira. A acumulação de riqueza em níveis bilionários raramente ocorre de maneira ética. Muitos dos empresários que se tornam referências e cujas histórias inspiram livros e filmes têm um passado nebuloso, que, anos mais tarde, é romantizado para reescrever sua trajetória. A narrativa do empreendedor heroico muitas vezes não passa de uma ficção elaborada em seus pormenores para apagar aspectos questionáveis de sua ascensão.

Outro fator que precisa ser compreendido é a dificuldade de acesso a informações úteis para quem deseja vencer esse jogo. E por que isso acontece? Porque aqueles que vencem não costumam compartilhar seus métodos reais. E quem os compartilha, muitas vezes, nunca venceu.

Esse é o caso dos chamados *coaches* de final de semana, que criaram uma enorme indústria lucrativa baseada na venda de ilusões. Muitos deles são, na realidade, pessoas que fracassaram em suas áreas de atuação e, em vez de seguirem tentando, decidiram vender falsas promessas e se apresentarem como vencedores. Criam métodos fictícios, disseminam fórmulas simplistas e exploram o desespero de quem busca ascensão.

Frases como "O sucesso é uma decisão", "Você é o único culpado pelo seu fracasso", "Qualquer pessoa pode ficar rica rapidamente", "Três ideias de negócios garantidos para ganhar dinheiro" são afirmações absolutamente enganosas e levianas, usadas para propagar fórmulas desprovidas de qualquer confirmação científica de eficácia.

Para comprovar isso, vejamos os dados do **Bureau of Labor Statistics (BLS)**, órgão do governo dos Estados Unidos responsável por estatísticas trabalhistas. Embora existam dados brasileiros sobre o tema, as informações do BLS abrangem um período maior e uma amostragem mais extensa, incluindo centenas de milhares de empresas no mercado que se autoproclama a terra das oportunidades e berço do chamado "sonho americano".

Esses números revelam, de maneira clara e objetiva, as reais probabilidades de êxito e fracasso em um dos sistemas mais competitivos do mundo. Nos próximos capítulos, vamos explorar essas estatísticas e entender de forma técnica e analítica quais fatores realmente influenciam o sucesso e como navegar nesse ambiente desafiador.

12 | O guia definitivo para empreender com sucesso

Tabela 1
Sobrevivência das empresas do setor privado desde o ano de abertura
Empresas acompanhadas por 29 anos

Abertura anual Ano de referência: 1994	Empresas sobreviventes	Total de empregos sobreviventes	Índice de sobrevivência desde a inauguração (%)	Índice de sobrevivência em relação aos sobreviventes do ano anterior (%)
Março de 1994	569.387	4.127.123	100,0	–
Março de 1995	453.105	4.135.330	79,6	79,6
Março de 1996	387.838	4.006.528	68,1	85,6
Março de 1997	345.128	3.943.372	60,6	89,0
Março de 1998	309.064	3.858.652	54,3	89,6
Março de 1999	282.466	3.716.558	49,6	91,4
Março de 2000	257.476	3.651.825	45,2	91,2
Março de 2001	236.088	3.503.445	41,5	91,7
Março de 2002	218.169	3.274.362	38,3	92,4
Março de 2003	203.484	3.115.044	35,7	93,3
Março de 2004	191.435	3.024.138	33,6	94,1
Março de 2005	180.919	2.962.277	31,8	94,5
Março de 2006	172.816	2.913.403	30,4	95,5
Março de 2007	163.491	2.855.611	28,7	94,6

(Continua)

Os princípios básicos e as verdades que não são ditas | 13

(Continuação)

Abertura anual Ano de referência: 1994	Empresas sobreviventes	Total de empregos sobreviventes	Índice de sobrevivência desde a inauguração (%)	Índice de sobrevivência em relação aos sobreviventes do ano anterior (%)
Março de 2008	154.955	2.771.148	27,2	94,8
Março de 2009	145.131	2.536.302	25,5	93,7
Março de 2010	137.003	2.422.416	24,1	94,4
Março de 2011	131.017	2.405.238	23,0	95,6
Março de 2012	125.389	2.400.879	22,0	95,7
Março de 2013	120.631	2.386.345	21,2	96,2
Março de 2014	115.662	2.373.765	20,3	95,9
Março de 2015	111.209	2.357.225	19,5	96,1
Março de 2016	106.799	2.339.513	18,8	96,0
Março de 2017	102.396	2.322.735	18,0	95,9
Março de 2018	98.047	2.296.103	17,2	95,8
Março de 2019	94.347	2.249.737	16,6	96,2
Março de 2020	89.752	2.187.053	15,8	95,1
Março de 2021	85.207	1.999.673	15,0	94,9
Março de 2022	81.888	2.039.518	14,4	96,1
Março de 2023	78.157	2.042.189	13,7	95,4

Tabela 2
Sobrevivência das empresas do setor privado desde o ano de abertura
Empresas acompanhadas por 20 anos

Abertura anual Ano de referência: 2003	Empresas sobreviventes	Total de empregos sobreviventes	Índice de sobrevivência desde a inauguração (%)	Índice de sobrevivência em relação aos sobreviventes do ano anterior (%)
Março de 2003	662.416	3.884.047	100,0	–
Março de 2004	525.125	3.794.959	79,3	79,3
Março de 2005	453.014	3.739.052	68,4	86,3
Março de 2006	406.881	3.702.748	61,4	89,8
Março de 2007	366.034	3.625.732	55,3	90,0
Março de 2008	330.863	3.471.622	49,9	90,4
Março de 2009	296.810	3.158.823	44,8	89,7
Março de 2010	270.953	2.979.194	40,9	91,3
Março de 2011	252.242	2.943.045	38,1	93,1
Março de 2012	238.614	2.930.317	36,0	94,6

(Continua)

(Continuação)

Abertura anual Ano de referência: 2003	Empresas sobreviventes	Total de empregos sobreviventes	Índice de sobrevivência desde a inauguração (%)	Índice de sobrevivência em relação aos sobreviventes do ano anterior (%)
Março de 2013	226.490	2.899.806	34,2	94,9
Março de 2014	214.006	2.882.306	32,3	94,5
Março de 2015	203.423	2.864.521	30,7	95,1
Março de 2016	192.801	2.843.867	29,1	94,8
Março de 2017	183.206	2.809.599	27,7	95,0
Março de 2018	173.983	2.768.994	26,3	95,0
Março de 2019	165.878	2.726.095	25,0	95,3
Março de 2020	157.141	2.653.057	23,7	94,7
Março de 2021	149.206	2.460.881	22,5	95,0
Março de 2022	142.902	2.507.651	21,6	95,8
Março de 2023	133.902	2.470.665	20,2	93,7

Tabela 3

Sobrevivência das empresas do setor privado desde o ano de abertura

Empresas acompanhadas por 10 anos

Abertura anual Ano de referência: 2013	Empresas sobreviventes	Total de empregos sobreviventes	Índice de sobrevivência desde a inauguração (%)	Índice de sobrevivência em relação aos sobreviventes do ano anterior (%)
Março de 2013	628.840	2.797.809	100,0	–
Março de 2014	500.434	2.825.593	79,6	79,6
Março de 2015	433.559	2.860.090	68,9	86,6
Março de 2016	385.941	2.846.957	61,4	89,0
Março de 2017	347.723	2.812.357	55,3	90,1
Março de 2018	318.339	2.793.442	50,6	91,5
Março de 2019	293.400	2.755.781	46,7	92,2
Março de 2020	269.048	2.691.854	42,8	91,7
Março de 2021	250.803	2.520.907	39,9	93,2
Março de 2022	236.663	2.654.855	37,6	94,4
Março de 2023	218.254	2.597.046	34,7	92,2

Os princípios básicos e as verdades que não são ditas | 17

Os dados informam quantas são as empresas que sobrevivem depois de vários anos de funcionamento. A primeira tabela indica dados colhidos entre 1994 e 2023 – é a série histórica mais longa à qual temos acesso. A pesquisa indica que só 13% das empresas que abriram há 29 anos sobreviveram até 2023. Talvez você esteja pensando: "Ah, mas daqui a 30 anos não vou mais estar vivo!" Realmente, esse é um fato incerto. Mas o importante nessa estatística é termos em mente que, arredondando os números, 9 em cada 10 empresas fecharam as portas em quase 30 anos.

O número vai mudando à medida que o período analisado diminui: em 20 anos, 8 em cada 10 empresas fecham as portas. E, em 10 anos, 65% das empresas fecham as portas. Há ainda mais um dado muito interessante na última coluna da direita das tabelas, pois por meio dele conseguimos ver quantas empresas sobreviveram em relação às que existiam no ano anterior.

A Tabela 1 indica que, após o primeiro ano, só 79% das empresas sobrevivem. Ou seja, aproximadamente 20% morrem já no primeiro ano.

A próxima linha abaixo indica que, de todas as empresas que chegaram ao segundo ano, 85% sobrevivem ao ano seguinte, ou seja, 15% das que seguiram existindo após o primeiro ano morrem no segundo ano.

Tracei, então, uma linha que indica quando o número de empresas que sobrevivem ao próximo ano chega próximo à quantidade de 9 entre 10. Ou seja, destaquei o ponto a partir de quando as chances de sobreviver passam a ser bem altas, indicando certa estabilidade. E parece existir mesmo um número mágico, em torno do quinto ano, que reflete aquilo que muitas pessoas dizem: a grande dificuldade das empresas é sobreviver aos primeiros 5 anos. A partir daí, as chances de sucesso aumentam de maneira relevante. Vamos entender por que isso acontece.

Gráfico 1
O ciclo das empresas

As empresas, de modo geral, seguem um ciclo de vida composto por quatro fases: **introdução, crescimento, maturidade e declínio**. Mas o que caracteriza cada uma dessas etapas?

A fase de **introdução** corresponde ao momento em que a empresa entra no mercado. Isso ocorre, por exemplo, quando um novo negócio é inaugurado, seja na produção de bens – como uma marcenaria ou uma confecção – ou na prestação de serviços – como uma clínica de shiatsu ou um escritório de contabilidade e consultoria financeira. O principal desafio dessa fase é tornar a empresa conhecida e conquistar clientes. Ao ingressar em um

Os princípios básicos e as verdades que não são ditas | 19

mercado já existente, será necessário competir diretamente com empresas estabelecidas.

Superada essa etapa, inicia-se a fase de **crescimento**. O desafio agora é expandir a base de clientes e consolidar a participação no mercado. Esse crescimento pode ocorrer tanto pela criação de um novo nicho quanto pela disputa de clientes com empresas concorrentes. Na maioria dos casos, expandir significa competir.

Com o crescimento sustentado, a empresa atinge a **maturidade**, um estágio em que a organização já se encontra consolidada, com processos bem definidos e uma posição estável no mercado. No entanto, nenhuma empresa permanece nesse estágio indefinidamente.

Eventualmente, inicia-se a fase de **declínio**, em que a empresa começa a perder mercado, seja devido a mudanças no setor, novas tecnologias, concorrência mais eficiente ou outros fatores externos. Se nenhuma estratégia for adotada para reinventar o negócio, esse enfraquecimento levará, inevitavelmente, ao seu encerramento.

Compreender esse ciclo é essencial para tomar decisões estratégicas em cada fase, garantindo a longevidade e a adaptação da empresa às transformações do mercado.

Um estudo realizado em 2024 pela PricewaterhouseCoopers (PwC), uma das maiores empresas de consultoria do mundo, investigou a percepção dos CEOs de grandes empresas sobre a viabilidade econômica de seus negócios no longo prazo. A pesquisa fez a seguinte pergunta:

"Se sua empresa permanecer como está hoje, por quanto tempo ela continuará economicamente viável?"

Gráfico 2
Boa parte dos CEOs das grandes empresas sabe disso!

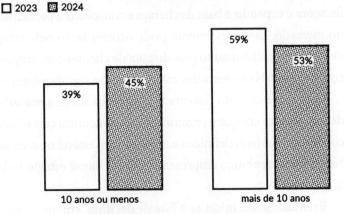

Pergunta: se a sua empresa continuar com o desempenho atual, por quanto tempo seu negócio continuará viável economicamente?

Em 2023, quase 40% dos CEOs afirmaram que suas empresas não sobreviveriam mais de dez anos sem mudanças significativas. Já quase 60% acreditavam que seus negócios permaneceriam viáveis por um período superior a uma década.

No entanto, em 2024, a percepção se tornou ainda mais pessimista: cerca de 45% dos CEOs declararam que suas empresas não durariam dez anos caso não se reinventassem. Ou seja, quase metade dos líderes das maiores corporações do mundo reconhece que sua organização pode deixar de existir em menos de uma década se não mudar. Lembrem-se, estamos falando de algumas das maiores empresas do mundo!

Esse dado reflete a necessidade constante de adaptação e inovação. Empresas que não evoluem, inevitavelmente, entram em declínio.

A lógica por trás dessa fragilidade pode ser comparada ao funcionamento do próprio corpo humano. Um médico certa vez me explicou que as células nunca se duplicam com perfeição absoluta. A cada cópia, ocorre uma pequena perda, o que, ao longo do tempo, resulta em mudanças inevitáveis no organismo. Sob essa perspectiva biológica, **desde o momento em que nascemos, começamos a morrer.**

Embora o ciclo da vida possa ser interpretado de maneiras diversas – e eu, particularmente, adote uma visão mais espiritualizada –, a lógica fisiológica é inegável.

O mesmo princípio pode ser aplicado às empresas: **todo negócio começa a morrer no dia em que surge!** Independentemente do sucesso que vá atingir durante seu ciclo de existência.

> "Começamos a morrer no dia em que nascemos.
> O mesmo acontece com nossas empresas."
>
> Eduardo Moreira

Então, as perguntas importantes a serem feitas são: qual a causa da morte da sua empresa? O que você pode fazer em relação a isso? Como pode postergar isso para colher resultados por mais tempo?

Vamos estudar os principais motivos que fazem uma empresa morrer e que raramente são considerados pelas pessoas que querem empreender.

22 | O guia definitivo para empreender com sucesso

POR QUE AS EMPRESAS MORREM? QUAIS SÃO OS PRINCIPAIS MOTIVOS?

Primeiro motivo:

Você tem uma ideia boa, mas não reuniu os recursos suficientes para fazer com que ela sobreviva o tempo necessário para alcançar o sucesso.

A empresa que você montou é eficiente, está toda bem organizada. Os trabalhadores estão bem treinados, bem capacitados. Mas a estrutura, principalmente a financeira, não aguentou até a concretização do objetivo final. Em outras palavras: **sua empresa não deu errado!** **Ela apenas não aguentou viver tempo suficiente até alcançar o sucesso.** Isso porque todas as empresas passam pelo ciclo que mencionei anteriormente e, tendo isso em vista, é preciso compreender que o período de crescimento é um período de investimento. Trata-se, portanto, de um período de gasto de dinheiro e de tempo, de esforço, de uso de recursos. Então, se você não começa preparado com os recursos suficientes – que são vários, além de dinheiro – para chegar até o tempo em que as coisas começam a dar certo, a empresa morre. É um erro de planejamento e veremos em breve o que podemos fazer em relação a isso.

Segundo motivo:

Sua ideia é boa, mas não resolve problemas relevantes.

Você merece um prêmio pela sua engenhosidade! Sua criatividade é enorme. Mas sua empresa não vai dar certo se sua ideia não resolver problemas importantes – isso porque, no nosso sistema, as pessoas só estão dispostas a pagar alguma coisa para empresas que resolvam algum problema relevante.

Falaremos mais sobre este ponto adiante, nos capítulos 2 e 3. Veremos detalhadamente o estudo de caso do Instituto Conhecimento Liberta (ICL), um exemplo de sucesso de uma empresa que criei, e também do PiggyPeg, um exemplo de fracasso de um outro empreendimento meu, que chegou a ganhar o prêmio de melhor *startup* do Brasil. Imagine: essa empresa ganhou o prêmio de melhor *startup* do Brasil mas não deu certo, porque, na prática, não se mostrou capaz de resolver problemas relevantes. Esta talvez seja, portanto, a pergunta mais importante que todo empreendedor deve se fazer: "Qual problema **relevante** das pessoas pretendo resolver com meu negócio?"

Terceiro motivo:

Sua ideia é boa, a empresa está bem montada, tem potencial, mas os sócios não formam um bom grupo.

A falta de habilidades e funções complementares entre os sócios pode representar um grande obstáculo para o sucesso de uma empresa. **Cada sócio deve exercer uma função relevante dentro do negócio**, seja na gestão operacional, na área estratégica ou mesmo no financiamento da empresa. Ainda que um dos

24 | O guia definitivo para empreender com sucesso

sócios não participe diretamente das atividades diárias, seu papel como investidor deve estar claramente definido e reconhecido por todos.

Se os sócios não tiverem plena consciência de sua importância e se suas participações societárias não estiverem bem ajustadas, o impacto pode ser devastador para o negócio. A ausência de um equilíbrio funcional entre os sócios pode comprometer a gestão e inviabilizar a continuidade da empresa.

Além disso, é fundamental compreender que um bom sócio não precisa ser um bom amigo. Evidentemente, não pode ser um adversário, mas a relação societária exige um alinhamento de interesses e objetivos que nem sempre se sustenta apenas na amizade.

Muitas empresas fracassam porque foram constituídas exclusivamente com base em vínculos pessoais, sem a devida consideração sobre a compatibilidade profissional e estratégica dos sócios. Quando a amizade se torna o único pilar da sociedade, a dissolução do relacionamento pode significar também o fim do negócio (e vice-versa).

Quarto motivo:

Você acha a sua ideia genial, mas ela não é.

Talvez sua família e seus amigos elogiem sua ideia e lhe digam que ela é genial, mas muitas vezes isso ocorre porque eles não querem ou não conseguem lhe dizer a verdade.

Você já ouviu falar de parrésia? Esse conceito, que pode ser traduzido como "a arte de dizer a verdade", foi explorado por Michel Foucault em *A coragem da verdade*. O filósofo discute a dificuldade que temos em ser sinceros com aqueles de quem gostamos, especialmente quando sabemos que a verdade pode ser desconfortável.

Ao conceber uma ideia que considera inovadora e compartilhar com seus amigos, é natural que você espere validação, e não necessariamente uma avaliação crítica. Assim, eles acabam concordando, reforçando sua crença na ideia, mesmo que ela não tenha um diferencial real ou um mercado concreto.

Esse fenômeno impede que o empreendedor perceba que nem toda ideia é viável ou necessária. O que parece uma grande solução para você pode não ter o mesmo valor para os outros. Esse erro é conhecido como **falácia da composição** – a crença de que algo que funciona para um indivíduo ou pequeno grupo necessariamente funcionará para o todo. No mundo dos negócios, essa falsa premissa pode ser fatal.

Há ainda outro perigo. A vaidade deve ser mantida o mais distante possível da gestão de um negócio – o que é um grande desafio, pois todos somos, em algum grau, vaidosos. O **Eclesiastes**, considerado um dos livros de sabedoria da Bíblia, inicia com uma reflexão fundamental:

"Vaidade das vaidades, tudo é vaidade."

Acredite: os fatos são soberanos, mas a sua percepção pessoal não é. Não adianta insistir em confrontar o mercado, os consumidores ou os dados concretos apenas para sustentar sua visão de mundo.

26 | O guia definitivo para empreender com sucesso

Se suas expectativas forem excessivamente otimistas em relação à aceitação do produto, ao tamanho do mercado ou ao desempenho financeiro da empresa, você correrá um enorme risco. A realidade pode ser muito diferente do cenário que você idealizou.

A ILUSÃO DO MERCADO FÁCIL

Essa é uma verdade difícil de aceitar, mas um choque de realidade necessário: você tem muito menos clientes potenciais do que imagina. Além disso, não está sozinho disputando esses clientes e, quanto mais promissor o mercado parecer, mais difícil será competir nele.

É fundamental torcer pelo melhor e manter uma postura positiva, mas, ao mesmo tempo, **é indispensável estar preparado para os piores cenários.**

Muitas pessoas acreditam, por exemplo, que por terem uma base significativa de seguidores nas redes sociais conseguirão converter esse público em vendas de forma direta e previsível. Um raciocínio comum é: *"Tenho 20 mil seguidores. Pelo menos 10 mil verão meu conteúdo. Desses, 5 mil demonstrarão interesse. Se apenas 10% comprarem, venderei 500 unidades."*

Entretanto, o que costuma acontecer é um cenário muito diferente.

Dos 20 mil seguidores, talvez apenas 100 demonstrem interesse real. No momento da venda, o número de compradores efetivos pode ser de apenas um, dois ou três! A diferença entre uma projeção otimista e a realidade do mercado pode ser brutal.

Por isso, é fundamental evitar o erro da empolgação desmedida. O viés emocional pode distorcer a percepção da realidade e levar a decisões equivocadas. Assim como todo pai e mãe tendem a achar seus filhos os mais bonitos, todo empreendedor tende a superestimar o valor e o potencial do próprio negócio.

Manter uma postura crítica e baseada em dados, em vez de apenas na percepção pessoal, é essencial para evitar armadilhas e garantir a sustentabilidade da empresa no longo prazo.

Quinto motivo:

Fazer uma empresa que não é boa para si mesmo.

Um erro comum no mundo dos negócios é criar uma empresa tendo como objetivo principal vendê-la no futuro. Essa estratégia tornou-se recorrente, impulsionada por casos de empreendedores que realizam IPOs (Initial Public Offering ou Oferta Pública Inicial) e se tornam bilionários ao venderem suas ações na bolsa de valores. No entanto, há um equívoco fundamental nessa abordagem: **se a empresa não for suficientemente boa para seus próprios fundadores, dificilmente despertará interesse de terceiros.**

Uma organização que não oferece valor real aos seus proprietários dificilmente atrairá investidores ou compradores. **O verdadeiro paradoxo do sucesso empresarial é que a melhor forma de construir um negócio vendável é construir um que seja tão bom a ponto de você não querer vendê-lo.** Se a empresa for

28 | O guia definitivo para empreender com sucesso

estruturada de maneira sólida, gerando valor para seus sócios e proporcionando crescimento sustentável, eventuais propostas de compra surgirão de modo natural. E, nesse momento, o simples fato de não haver interesse na futura venda pode elevar ainda mais o valor do negócio, pois aquilo que é altamente desejável tende a se tornar ainda mais valioso.

Compreender essa realidade pode levar à sensação de que as chances de êxito no empreendedorismo são extremamente reduzidas. De fato, empreender é desafiador, e a dificuldade do processo é, muitas vezes, subestimada. Isso ocorre, em parte, porque vender a ilusão de que o sucesso empresarial é simples tornou-se um mercado lucrativo. *Coaches de ocasião*, influenciadores digitais e outros agentes do universo do empreendedorismo propagam a ideia de que há um caminho fácil para construir negócios bem-sucedidos. No entanto, essa retórica não reflete a realidade – pelo contrário, serve apenas para alimentar a indústria que lucra ao vender essa promessa enganosa.

É fundamental, portanto, reforçar um ponto central: **o jogo é difícil, mas possível**. Essa é a verdadeira boa notícia: **é possível**! Mas empreender com sucesso exige conhecimento, preparo e resiliência.

E aqui o conceito de empreender deve ser compreendido de forma ampla: não se trata apenas de criar uma empresa com fins lucrativos, mas também de gerir uma organização, liderar um projeto social, mobilizar recursos para uma causa ou estruturar iniciativas que gerem impacto. Empreender significa transformar uma ideia em algo concreto e funcional.

Os princípios básicos e as verdades que não são ditas | 29

Para enfrentar os desafios desse processo, não há atalhos, fórmulas mágicas ou soluções milagrosas. Apesar do apelo publicitário das promessas de "métodos infalíveis" e "segredos do sucesso", o que realmente importa são competências práticas, conhecimento sólido e habilidades desenvolvidas com estudo e experiência.

A chave para aumentar as chances de êxito está na ciência, no aprendizado contínuo e na aplicação pragmática do conhecimento. O caminho do empreendedorismo não é simples, mas pode ser trilhado com estratégia e preparação. A seguir, exploraremos os princípios fundamentais que podem tornar esse percurso mais estruturado e eficaz.

COMO FAZER UMA EMPRESA ALCANÇAR O SUCESSO?

Tenha as ferramentas corretas, bem dimensionadas e adequadas a cada fase do ciclo da empresa:

- Ferramentas financeiras
- Ferramentas contábeis
- Ferramentas de controle gerencial
- Ferramentas de comunicação interna e externa
- Ferramentas de vendas
- Ferramentas de motivação

É essencial compreender quais ferramentas utilizar em cada fase do ciclo da empresa. Se o negócio ainda está na fase pré-operacional (também chamada de *greenfield*, termo que remete

30 | O guia definitivo para empreender com sucesso

a um "campo verde", onde ainda não começaram as obras), um conjunto específico de instrumentos será necessário. Quando a empresa já estiver em funcionamento, outro conjunto será exigido. E, se a empresa alcançar um estágio de expansão e crescimento acelerado, novas ferramentas serão fundamentais.

Além de identificar essas necessidades, é crucial compreender o propósito de cada ferramenta para evitar equívocos estratégicos. Entre elas, encontram-se ferramentas **financeiras, contábeis, de controle gerencial, de vendas e de motivação**. Ao longo deste livro, exploraremos cada uma delas, demonstrando como possibilitam um monitoramento eficiente da empresa, permitindo diagnósticos precisos e a definição de ações corretivas.

Um erro frequente é acreditar que a parte mais desafiadora do empreendedorismo está na concepção de uma ideia inovadora. Com frequência, em palestras ou mesmo em conversas casuais, pessoas me confidenciam suas ideias "secretas", como se tivessem descoberto algo revolucionário. Alguns chegam a demonstrar um nível tal de desconfiança que exigem a assinatura de contratos de confidencialidade (NDAs) para garantir que suas ideias não sejam copiadas. No entanto, esse pensamento parte de um equívoco, o de que o segredo de um negócio está na ideia inicial. Acreditem: **o mundo está repleto de boas ideias**.

Outra crença equivocada é a de que o maior desafio ao empreender consiste em colocar uma ideia em prática. Sem dúvida, a execução inicial exige planejamento e esforço, mas o maior obstáculo no empreendedorismo não é conceber ou lançar um projeto, e sim **mantê-lo funcionando e sustentável ao longo**

Os princípios básicos e as verdades que não são ditas | 31

do tempo. Isso ocorre porque, com o tempo, a motivação inicial se dissipa, a demanda reprimida passa a não existir mais e problemas inesperados começam a surgir. Quando os desafios se acumulam e o fluxo financeiro se torna instável, a verdadeira dificuldade se impõe: encontrar maneiras de seguir adiante.

OS EQUÍVOCOS MAIS COMUNS NO EMPREENDEDORISMO

- **Acreditar que o mais difícil é ter uma boa ideia** → Falso. Boas ideias são abundantes.
- **Imaginar que o maior desafio é colocar uma ideia em prática** → Errado. Embora fundamental, a execução inicial não é a etapa mais desafiadora.
- **Subestimar a dificuldade de manter um negócio sustentável ao longo do tempo** → Esse é o verdadeiro desafio. A motivação inicial desaparece, a demanda se estabiliza, dificuldades inesperadas surgem e a gestão financeira se torna crucial.

Compreender essa dinâmica é um passo fundamental para o sucesso.

O CAMINHO DO SUCESSO E A FILOSOFIA BUDISTA

No budismo, há o conceito do **caminho óctuplo**, que representa um guia para alcançar o equilíbrio e a sabedoria. Essa abordagem

32 | O guia definitivo para empreender com sucesso

pode ser adaptada ao empreendedorismo, pois traça um paralelo entre a concepção, a execução e a manutenção de um projeto. Eis os passos do caminho óctuplo do budismo adaptados ao empreendedorismo:

1. **Compreensão correta** – Ter uma visão clara da realidade e dos desafios do mercado.

2. **Pensamento correto** – Desenvolver um raciocínio estratégico alinhado a essa compreensão.

3. **Comunicação correta** – Saber comunicar a proposta de valor do negócio, interna e externamente.

4. **Ação correta** – Implementar as ideias de forma estruturada e planejada.

5. **Conduta correta** – Manter a consistência nas ações, garantindo coerência ao longo do tempo.

6. **Esforço correto** – Direcionar energia para o que realmente importa, evitando desperdícios.

7. **Atenção correta** – Estar plenamente consciente do que acontece no negócio.

8. **Concentração correta** – Ter disciplina para manter o foco no que é essencial.

O caminho para o sucesso passa exatamente por essas etapas: compreender a realidade, estruturar um plano estratégico, executar com eficiência e manter a consistência ao longo do tempo.

O PLANO DE NEGÓCIOS (*BUSINESS PLAN*)
E A ESTRUTURA INICIAL

Ao iniciar um empreendimento, a primeira etapa prática envolve a criação de um **plano de negócios**. Esse documento deve conter:

- **Planilhas financeiras** (geralmente em Excel) para planejamento financeiro.
- **Organogramas** para estruturar a organização interna da empresa.
- **Cronogramas** para definir metas e prazos realistas.

Ainda que um plano de negócios nunca seja perfeito – pois é impossível prever o comportamento de todas as variáveis –, ele servirá como referência para ajustar o rumo da empresa conforme os desafios surgirem. Trata-se de um instrumento científico e matemático, que possibilita um acompanhamento estruturado e preciso.

A boa notícia é que existem modelos prontos de planos de negócios, disponíveis gratuitamente ou em versões mais sofisticadas, que podem ser adquiridas. Assim, não é necessário construí-lo do zero; basta adaptá-lo às particularidades da sua empresa.

Além disso, é fundamental garantir uma estrutura física e tecnológica adequada, o que envolve desde a escolha de equipamentos (hardware) e sistemas (software) até a disposição inteligente dos espaços de trabalho. O avanço tecnológico ocorre em ritmo acelerado, e iniciar um negócio com uma estrutura ultrapassada pode comprometer sua competitividade e gerar custos adicionais no futuro.

34 | O guia definitivo para empreender com sucesso

Outro fator determinante é a escolha das ferramentas de vendas. **Toda empresa, independentemente do setor, está vendendo algo.** Até mesmo um canal no YouTube, que oferece conteúdo gratuito, vende sua audiência ao YouTube, que, por sua vez, comercializa publicidade para anunciantes. No modelo capitalista, toda atividade envolve algum tipo de venda.

O sucesso de uma empresa depende diretamente da sua **estratégia de vendas**, que é desenvolvida através de:

- **Marketing tradicional** (propaganda, eventos, peças publicitárias).
- **Marketing digital** (estratégias on-line, redes sociais, tráfego pago).
- **CRM (Client Relationship Management)** para gerenciar o relacionamento com clientes.

No ICL (Instituto Conhecimento Liberta), por exemplo, o *funil de vendas* é totalmente automatizado, utilizando inteligência artificial e sistemas de redes neurais para maximizar a eficiência. Embora a implementação de um sistema avançado como esse possa demandar meses para empresas de grande porte, pequenos negócios podem estruturar modelos simples em poucos dias, com grande impacto nos resultados.

Além das estratégias de vendas, é essencial que as pessoas envolvidas no negócio saibam comunicar sua proposta de forma clara e persuasiva. Isso inclui apresentações para investidores, argumentação de vendas e até mesmo a redação de textos institucionais. A arte de contar histórias e estruturar apresentações eficazes não é apenas um talento inato – é uma técnica que pode ser aprendida e desenvolvida com base em ciência.

Outra competência crucial é a **gestão financeira eficiente**. No Brasil, essa habilidade é ainda mais relevante, pois somos o país que possui uma das mais altas taxas de retorno real para aplicações de renda fixa, mas também os mais elevados custos de endividamento. É por esta razão que muitas empresas que aparentam sucesso operam com prejuízo, sendo sustentadas apenas pela aplicação do dinheiro que têm em caixa. Sem um controle adequado, mesmo um negócio promissor pode se tornar inviável financeiramente.

TREINAMENTO CONTÍNUO E CULTURA ORGANIZACIONAL

O sucesso de uma empresa não depende apenas de boas lideranças, mas também de uma equipe treinada e alinhada com a estratégia do negócio. A educação continuada é um conceito essencial no mundo corporativo moderno, garantindo que os colaboradores acompanhem as evoluções do mercado e aprimorem suas habilidades.

Por fim, a motivação dos funcionários deve ser gerenciada estrategicamente. Embora a remuneração seja um fator importante, o alinhamento entre propósito e cultura organizacional tem um impacto significativo no desempenho e na retenção de talentos. Um sistema de incentivos mal planejado pode gerar descontentamento e prejudicar o clima interno da empresa. Ter um departamento de recursos humanos estruturado é essencial

36 | O guia definitivo para empreender com sucesso

para garantir que os colaboradores estejam produtivos, engajados e alinhados com os objetivos da organização.

Empreender exige planejamento, estrutura, conhecimento e adaptação contínua. E exige verdade! É muito importante que o propósito percebido pelas pessoas que trabalham na empresa e pelos clientes esteja alinhado com o que a empresa coloca descrito em sua homepage. Palavras que não são sustentadas por ações morrem vazias.

A seguir, veremos alguns conceitos fundamentais para que sua empresa tenha um início sólido e cresça de forma sustentável.

O CONCEITO DE VALOR ESPERADO

O primeiro conceito essencial para o planejamento financeiro é o de **Valor Esperado**. Em vez de simplesmente estimar quanto será faturado ou quantas unidades serão vendidas – sejam produtos como chinelos e camisas ou serviços como atendimentos –, é fundamental adotar uma abordagem baseada em probabilidade de cenários.

O **Valor Esperado** é representado pela fórmula:

$$E(X) = \Sigma \text{ (resultado} \times \text{probabilidade)}$$

Esta fórmula corresponde à soma ponderada dos diferentes cenários projetados para a empresa, onde cada um é multiplicado pela probabilidade estimada de sua ocorrência. Para ilustrar esse conceito, suponhamos que uma empresa recém-criada tenha três cenários possíveis para o seu desempenho futuro.

Os princípios básicos e as verdades que não são ditas | **37**

O primeiro é o **cenário-base**, que representa a expectativa mais provável segundo a ótica do empreendedor. Suponhamos que, com base em análises e referências do mercado, o faturamento anual esperado neste cenário seja de R$ 200 mil, com uma probabilidade estimada de 60% de se concretizar.

Além disso, há um **cenário otimista**, em que tudo vai muito bem e o negócio supera as expectativas. Nesse caso, o faturamento pode alcançar R$ 320 mil em nosso exemplo, mas com uma chance estimada menor, de 15%.

Por fim, há o **cenário pessimista**, que reflete a possibilidade de dificuldades e resultados abaixo do esperado. Se as vendas não corresponderem às projeções, a empresa pode faturar apenas R$ 50 mil, com uma probabilidade estimada para este cenário de 25% (lembre-se de que a soma de todos cenários deve dar 100%).

Agora, aplicamos a fórmula do **Valor Esperado**, multiplicando o faturamento estimado de cada cenário por sua respectiva probabilidade. No cenário realista, R$ 200 mil multiplicados por 60% resultam em R$ 120 mil. No cenário otimista, R$ 320 mil multiplicados por 15% resultam em R$ 48 mil. No cenário pessimista, R$ 50 mil multiplicados por 25% resultam em R$ 12,5 mil.

Somando esses valores, temos:

$$E(X) = 120.000 + 48.000 + 12.500 = 180.500$$

O **Valor Esperado**, nesse caso, é de R$ 180,5 mil, o que difere do cenário-base de R$ 200 mil. Essa diferença ocorre porque o cálculo do Valor Esperado leva em conta não apenas o cenário

38 | O guia definitivo para empreender com sucesso

mais provável, mas também outros cenários e as probabilidades estimadas de ocorrerem.

Embora não sejam exatamente conceitos idênticos, a relação entre **cenário-base e Valor Esperado** pode ser comparada à diferença entre **moda e média** em estatística. Enquanto a moda representa o valor mais frequente – equivalente ao cenário-base –, a média ponderada reflete um cálculo mais abrangente, considerando variações e pesos, tal como ocorre com o Valor Esperado.

Ao utilizar essa metodologia, o empreendedor consegue ter **uma visão mais realista e embasada para a tomada de decisões**, reduzindo o impacto de expectativas excessivamente otimistas ou pessimistas e permitindo um planejamento financeiro mais sólido.

Tabela 4
Cenários possíveis para a receita da empresa

Otimista	Pessimista	Base
R$ 320 mil	R$ 50 mil	R$ 200 mil
15%	25%	60%

A IMPORTÂNCIA DO CONCEITO DE VALOR ESPERADO

Trabalhar com o conceito de **Valor Esperado** é essencial por três motivos. O primeiro é que, muitas vezes, utilizamos de forma equivocada o **cenário-base** para dimensionar todos os aspectos do negócio. No exemplo anterior, tomamos como referência um faturamento de R$ 200 mil, mas para avaliar corretamente

Os princípios básicos e as verdades que não são ditas | 39

os riscos e o retorno esperado do investimento, é fundamental considerar diferentes cenários e suas probabilidades. O **Valor Esperado** permite essa análise de maneira estruturada e realista.

O segundo motivo é que a aplicação desse conceito obriga o empreendedor a projetar tanto um **cenário positivo** quanto um **cenário negativo**. É de esperar que a maioria das pessoas evite traçar um cenário desfavorável, especialmente em um contexto em que livros e teorias sobre "pensamento positivo e atração da prosperidade" são amplamente difundidos. No entanto, é essencial refletir sobre o que pode dar errado.

É comum encontrar pessoas que tratam seu "plano A" como único, sem qualquer alternativa. Dizem que "o plano B é não ter plano B", mas muitas delas, ao se depararem com dificuldades, acabam vivendo um plano B para o qual nunca se prepararam. Por isso, **projetar cenários menos otimistas não significa pessimismo, e sim prudência**. Avaliar as consequências de um desempenho abaixo do esperado é fundamental para saber se a empresa terá condições de sobreviver mesmo em um cenário adverso.

O terceiro motivo é que, mesmo que o Valor Esperado seja atraente, ele não significa, por si só, que o negócio é viável. No exemplo anterior, um faturamento esperado de R$ 180 mil poderia parecer positivo, mas se houver uma possibilidade concreta de que a empresa fature apenas R$ 50 mil (o cenário pessimista), isso pode representar um risco inaceitável para alguns empreendedores. Se um resultado abaixo do esperado significar a falência do negócio ou um desembolso de caixa para o qual os sócios não estão preparados, é preciso reconsiderar a decisão de seguir adiante.

40 | O guia definitivo para empreender com sucesso

Esse é um dos conceitos mais importantes para a avaliação de risco. O Valor Esperado pode indicar uma perspectiva geral positiva, mas a **dispersão dos resultados** possíveis precisa ser levada em conta. Se a variação entre o melhor e o pior cenário for muito grande, o risco pode ser elevado demais, tornando o empreendimento inviável.

ONDE ESTÃO OS SEUS CLIENTES?

Agora que discutimos o conceito de Valor Esperado, é necessário abordar um segundo princípio fundamental sobre vendas. Para isso, podemos recorrer à analogia da pescaria: antes de lançar a isca, é preciso saber onde estão os peixes.

Em termos de negócios, isso significa definir onde buscar seus clientes. Atualmente, a maior parte das interações acontece em um ambiente digital. As redes sociais – Facebook, Instagram, TikTok, Snapchat, X, WhatsApp e LinkedIn – são os principais canais para alcançar consumidores. No passado, os "lagos" eram diferentes: as empresas investiam em anúncios de jornais, panfletos distribuídos nas ruas ou comerciais de rádio e televisão. Esses meios ainda existem, mas as plataformas digitais se tornaram, na maioria dos casos, os espaços mais relevantes para a captação de clientes.

Entretanto, depender exclusivamente dessas plataformas envolve riscos. Se o custo para anunciar nessas redes sociais aumentar muito, a sustentabilidade do negócio pode ser comprometida. Muitos empreendedores enfrentam dificuldades quando percebem que os custos de aquisição de clientes subiram a um patamar insustentável.

Para mitigar esse risco, é essencial aprender a **criar o próprio lago**. Isso significa desenvolver estratégias para atrair e reter clientes de maneira independente, sem depender exclusivamente de intermediários. No início, pode ser necessário utilizar essas redes para captar atenção, mas, à medida que o negócio se consolida, é fundamental construir uma base própria de clientes em potencial. Dessa forma, é possível reduzir a vulnerabilidade a mudanças externas e garantir maior estabilidade a longo prazo.

A seguir, exploraremos o conceito do *funil de vendas*, que ajuda a estruturar o processo de conversão de clientes e a otimizar a estratégia comercial.

Gráfico 3

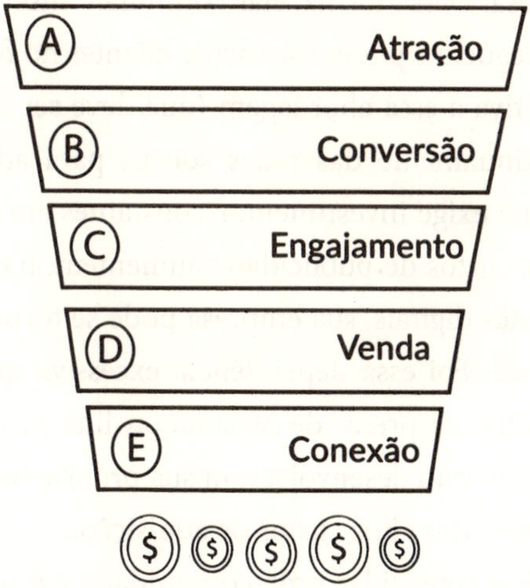

(A) Atração

(B) Conversão

(C) Engajamento

(D) Venda

(E) Conexão

($) ($) ($) ($) ($)

42 | O guia definitivo para empreender com sucesso

FUNIL DE VENDAS E CONSTRUÇÃO DE REDE DE RELACIONAMENTO

O conceito de funil de vendas baseia-se em atrair, converter, engajar, vender e manter um relacionamento contínuo com a sua comunidade. No entanto, muitos empreendedores concentram seus esforços apenas nos clientes que efetivamente compraram seu produto ou serviço – aqueles que chegaram ao final do funil – e dispensam os demais que demonstraram algum interesse, mas não concretizaram a compra.

Para criar um "lago próprio", ou seja, uma base de potenciais clientes, é fundamental nutrir aqueles que ingressaram no funil, mesmo que não tenham chegado à conversão final. Isso pode ser feito oferecendo conteúdos relevantes, materiais educativos ou benefícios exclusivos que mantenham essas pessoas engajadas com a empresa. Dessa forma, elas continuam inseridas no ecossistema do negócio e podem se tornar clientes no futuro.

A alternativa a essa abordagem (que deve ser evitada) é depender continuamente das redes sociais para adquirir novos clientes, o que exige investimentos constantes em anúncios pagos. Caso os custos de publicidade aumentem, o que é comum em plataformas digitais, sua empresa pode se tornar financeiramente inviável. Foi essa dependência excessiva que levou, por exemplo, muitas empresas de turismo on-line e sites de cupons ao colapso, pois não desenvolveram sua própria base de clientes e ficaram reféns dos altos custos de aquisição.

Construir e consolidar uma comunidade é o que possibilita a sustentabilidade do negócio a longo prazo. No entanto, além

Os princípios básicos e as verdades que não são ditas | 43

de criar essa base, é preciso expandi-la para um nível ainda mais estruturado: a formação de uma rede de relacionamentos estratégicos, também conhecida como *networking*.

A IMPORTÂNCIA DO *NETWORKING*

As redes de relacionamento desempenham um papel crucial no sucesso de qualquer negócio, mas é fundamental estabelecer conexões estratégicas e produtivas. *Networking* não é o mesmo que amizade. Embora relações comerciais possam evoluir para relações pessoais, o objetivo principal de um *networking* eficaz é criar conexões que agreguem valor ao seu negócio.

Um erro comum é buscar contato apenas com os altos executivos – presidentes e diretores de grandes empresas – com o intuito de projetar para si uma imagem de prestígio. Muitas vezes, o contato mais relevante não é o do presidente, mas sim do gestor operacional, do gerente de projetos, ou de quem está diretamente envolvido nas decisões práticas da empresa. São essas pessoas que, no dia a dia, identificam oportunidades e tomam decisões que realmente impactam o mercado. É com elas que você deve buscar estar bem conectado.

Há quem pense que parecer um empresário bem-sucedido é um atalho para se tornar um. Contudo, essa abordagem pode ser um caminho rápido para o fracasso. O foco deve estar em construir conexões úteis e produtivas, e não apenas em aparentar sucesso.

44 | O guia definitivo para empreender com sucesso

Por fim, é importante lembrar que todo negócio carrega um grau de incerteza, mesmo quando todas as ferramentas e estratégias são bem aplicadas. O empreendedorismo é uma jornada semelhante a uma travessia em mar aberto: preparação, equipamentos adequados e treinamento são essenciais para enfrentar as ondas e tempestades, e aumentar as chances de alcançar o destino com sucesso.

2.
EMPRESA × NEGÓCIO

Neste capítulo, abordaremos os conceitos fundamentais para a criação de um negócio e desmistificaremos algumas crenças comuns sobre o empreendedorismo. Também apresentaremos conceitos importantes para, nos capítulos seguintes, discutirmos os princípios da economia comportamental e de **animal behavior**, além de analisarmos o caso do ICL.

O convite que faço a você é para que se envolva verdadeiramente neste aprendizado. É essencial acreditar que o conhecimento de determinadas ferramentas pode impactar positivamente sua trajetória como empreendedor ou empreendedora. Engajar-se nesse processo de aprendizado é um enorme diferencial. A ciência desempenha um papel fundamental nesse contexto, pois permite que aprendamos com os erros e acertos de inúmeras pessoas que já trilharam esse caminho. O conhecimento aqui apresentado não é fruto de suposições, mas sim de pesquisas e dados concretos, que possibilitam a formulação de conclusões embasadas e passíveis de aplicação prática.

A ciência se baseia na observação crítica do mundo. O método científico funciona da seguinte forma: identifica-se um fenômeno, formula-se uma hipótese e, em seguida, essa hipótese é testada.

46 | O guia definitivo para empreender com sucesso

A partir da validação ou refutação do experimento, constrói-se um conhecimento estruturado sobre determinado assunto.

Por isso, ao longo deste capítulo, serão propostos questionamentos para que você reflita sobre sua jornada empreendedora. O ideal é que você não apenas leia e prossiga, mas **responda a essas perguntas** e analise suas próprias respostas. Esse exercício permitirá estruturar um pensamento mais sólido sobre seus próximos passos e aumentará significativamente suas chances de sucesso.

Este livro não deve ser apenas mais um entre tantos outros, relegado a uma pilha de leituras inacabadas. O objetivo é que ele gere **resultados concretos**, fornecendo as ferramentas e os direcionamentos necessários para sua atuação no mundo dos negócios. No fim das contas, o que realmente fará a diferença será a maneira como você aplicará esses conhecimentos no seu empreendimento.

Vamos, então, explorar conceitos fundamentais como a diferença entre **empresa e negócio**, a importância de construir uma empresa sólida e os aspectos que tornam um negócio promissor.

> "Uma boa empresa não resiste a um mau negócio. Uma má empresa pode desperdiçar um bom negócio."
>
> Eduardo Moreira

Em 2004, o autor libanês-americano Nassim Taleb foi dar uma palestra no banco em que eu trabalhava na época e autografou para mim um livro que me marcou muito, chamado *Iludidos pelo acaso*.[1]

Nesse livro, o autor fala que tudo o que você fizer, toda empresa que abrir, todo esporte que jogar, toda atividade em que se envolver pode acabar alcançando o sucesso. Mesmo que não tenha escolhido um caminho bom, que não tenha desenvolvido um bom método, seu sucesso pode simplesmente ter sido fruto de sorte, ou acaso, como diz Taleb.

> Negócio: **é o que você faz!** A negação do ócio.
>
> É a sua ideia (se você está empreendendo) ou a atividade de sua empresa (se ela já existe).

O PAPEL DO ACASO E A IMPORTÂNCIA DA CIÊNCIA NO EMPREENDEDORISMO

Muitas vezes, o sucesso de determinadas empresas ou indivíduos é resultado do acaso, mas, por ganharem visibilidade, acabam sendo utilizados como referência para aqueles que buscam êxito. No entanto, a metodologia usada para justificar esse sucesso é frequentemente equivocada.

Para ilustrar esse fenômeno, tomemos como exemplo um experimento hipotético. Imagine que 10 mil pessoas recebam uma

---

1. Nassim Taleb, *Iludidos pelo acaso: a influência oculta da sorte nos mercados e na vida*, tradução de Sérgio Moraes Rego, Rio de Janeiro: Objetiva, 2019.

48 | O guia definitivo para empreender com sucesso

moeda para lançá-la ao ar de cinco a dez vezes, registrando se o resultado de cada lançamento será cara ou coroa. Ainda que todas joguem de forma semelhante, é provável que algumas consigam tirar cara dez vezes seguidas. O problema surge quando uma dessas pessoas se convence de que desenvolveu uma técnica infalível para obter sempre o mesmo resultado, sem perceber que o que aconteceu, na verdade, foi sorte.

A partir desse momento, toda a atenção se volta para esse indivíduo. Ele pode ser entrevistado por veículos de comunicação, explicar como mentalizou o resultado, avaliou a direção do vento ou utilizou uma técnica específica para lançar a moeda. No entanto, ninguém menciona os milhares de outras pessoas que tentaram estratégias semelhantes e não obtiveram o mesmo sucesso. Assim, cria-se a ilusão de que existe um método eficiente, quando, na realidade, trata-se apenas de um caso isolado e fruto do acaso.

Esse fenômeno ocorre também no mundo dos negócios. Com o reconhecimento obtido, algumas das pessoas que fundaram empresas que deram certo por conta do acaso passam a vender cursos e treinamentos com promessas de ensinar o seu "segredo do sucesso". Essa lógica, contudo, ignora o fato de que a maioria daqueles tentou passos parecidos, porém, não obteve o mesmo resultado. O que se vende, na prática, é a ilusão de que a sorte que um teve pode ser replicada para os outros.

Em meu livro *O que os donos do poder não querem que você saiba*, exploro esse conceito por meio do que chamo de "efeito seu Zé". Trata-se da história de alguém que cresceu em condições adversas, morando em uma favela, trabalhou desde criança, enfrentou inúmeras dificuldades, estudou, montou seu próprio negócio e, por fim, tornou-se um milionário. Sua trajetória passa então a ser utilizada como exemplo de que o sucesso depende exclusivamente do esforço individual: "Ter sucesso só depende de você!" No entanto, o que não se menciona são as inúmeras pessoas que trilharam caminhos semelhantes e não atingiram o mesmo patamar.

O acaso pode acontecer com uma pessoa ou outra, mas isso não significa que seja um modelo replicável. Por isso, é essencial ter cautela com fórmulas milagrosas disseminadas na internet. A ciência, ao contrário do acaso, é baseada em métodos, dados e experimentação, e, por isso, pode ser aplicada de forma sistemática. Nassim Taleb, em *Iludidos pelo acaso*, alerta para os riscos de se transformar casos de sorte em casos de sucesso. Casos de êxito costumam ser sempre atribuídos a estratégias e esforços, quando, na verdade, podem ser frutos de circunstâncias aleatórias.

Reforço essa ideia porque abandonar essa ilusão e focar na ciência pode aumentar exponencialmente suas chances de sucesso. Sempre digo: **uma boa empresa não resiste a um mau negócio; uma má empresa pode desperdiçar um bom negócio.**

Essa distinção é fundamental. **Negócio** é a atividade à qual você se dedica, enquanto **empresa** é a estrutura que viabiliza essa atividade. A palavra "negócio" deriva da expressão latina *negatio oti*, que significa "negação do ócio", ou seja, fazer algo produtivo. Quando você empreende, a atividade escolhida será seu negócio, seja ele confeccionar roupas, dar aulas, produzir alimentos ou qualquer outra ocupação.

50 | O guia definitivo para empreender com sucesso

Portanto, uma boa ideia para iniciar um empreendimento deve estar diretamente ligada à escolha do negócio em que você pretende ingressar. Se já possui uma empresa, o negócio é a atividade principal que ela desempenha. No entanto, um bom negócio não garante uma empresa bem-sucedida de maneira automática. Há exemplos de empresas mal estruturadas que administram negócios promissores e de empresas sólidas que fracassam por apostarem em negócios inviáveis.

Dessa forma, mesmo que sua empresa seja bem organizada, ela não se sustentará caso o negócio em que ela atue seja ruim. Mais à frente, vamos explorar os critérios que definem uma boa atividade (bom negócio) e entender como criar uma boa estrutura de empresa para influenciar diretamente a chance de se obter bons resultados.

Vamos começar pelas questões que devemos fazer para avaliar a viabilidade de uma atividade.

Perguntas que você deve fazer sobre um negócio para avaliá-lo:

- Qual problema ele resolve?
- Qual o grau de prioridade que a solução desse problema tem para as pessoas?
- Com que frequência ele é necessário?
- O "passar do tempo" fará ele mais ou menos necessário?
- Você tem alguma habilidade específica ou vantagem competitiva nessa atividade?

Empresa × Negócio | 51

- Quais são as barreiras de entrada para outros fazerem exatamente a mesma coisa que você faz?
- Quais os exemplos bem-sucedidos e malsucedidos que você conhece de negócios similares?
- Quais os principais riscos dessa atividade, as variáveis sobre as quais você tem menos controle?

QUESTÕES ESSENCIAIS PARA AVALIAR UM NEGÓCIO

Antes de iniciar um empreendimento, algumas perguntas fundamentais devem ser respondidas com clareza. Essas questões ajudam a determinar a viabilidade do negócio e a identificar potenciais desafios que podem comprometer sua sustentabilidade no médio e longo prazos.

1. QUAL PROBLEMA SEU NEGÓCIO RESOLVE?

Essa é, possivelmente, a pergunta mais importante de todas. Se a resposta não for clara e objetiva, será difícil seu negócio alcançar bons resultados.

Por exemplo, imagine uma empresa de massoterapia que oferece diferentes tipos de massagem para pessoas que sofrem de dores nas costas. O problema que ela resolve é aliviar essas dores, além de proporcionar bem-estar muscular e articular.

Outro exemplo: um curso preparatório para vestibulares. O problema resolvido é a alta concorrência no ingresso às universidades.

52 | O guia definitivo para empreender com sucesso

Como há mais candidatos do que vagas, a empresa ajuda os estudantes a se destacarem no processo seletivo para serem escolhidos.

Lembre-se do que falamos no primeiro capítulo, as pessoas só estão dispostas a pagar algo por um produto ou serviço se isso resolver algum problema importante que tenham.

2. QUAL A PRIORIDADE DESSA SOLUÇÃO PARA AS PESSOAS?

Mesmo que um negócio claramente resolva um problema, resolver este problema deve ser uma prioridade para as pessoas. Caso contrário, pode não haver demanda para o que você vai oferecer.

Um exemplo pessoal: há pouco tempo, percebi que estou ficando calvo. Meu avô era calvo, meu pai também é, e estou começando a apresentar sinais de calvície. No entanto, embora existam produtos e tratamentos para esse problema, ele não representa uma prioridade para mim. Assim, mesmo que uma empresa oferecesse uma solução eficiente, eu dificilmente me tornaria cliente. Claro que para muitas pessoas esta questão tem relevância e resolvê-la é uma prioridade. É esta investigação que você deve fazer.

Acredite, se a solução proposta por seu negócio não for percebida como essencial e prioritária pelas pessoas, a demanda será reduzida e o crescimento da empresa poderá ser comprometido.

3. COM QUE FREQUÊNCIA ESSA SOLUÇÃO SERÁ NECESSÁRIA?

Algumas necessidades são recorrentes, enquanto outras surgem esporadicamente. Essa distinção é essencial para avaliar a viabilidade de um negócio.

Por exemplo, uma empresa que vende peças automotivas pode ter um problema se as peças oferecidas forem de demanda rara. Se o produto for essencial para o funcionamento do veículo, como uma peça do motor, sua substituição será prioridade para o proprietário, portanto atendendo a questão 2, mas, se essa peça raramente quebra, a demanda será muito baixa, tornando o negócio pouco sustentável a longo prazo (a não ser que o universo de clientes em potencial seja muito grande).

4. O TEMPO TORNARÁ O SEU NEGÓCIO MAIS OU MENOS NECESSÁRIO?

Com o avanço da tecnologia, muitos produtos e serviços tornam-se obsoletos. E este processo é cada vez mais rápido. Um exemplo clássico é a substituição dos carburadores pelos sistemas de injeção eletrônica nos automóveis. Outro exemplo são as manivelas para abrir vidros, que foram gradualmente substituídas por vidros elétricos – que hoje são a regra e não a exceção.

Ao planejar um negócio, é fundamental avaliar sua relevância no longo prazo. Se a empresa levar anos para atingir maturidade e, nesse período, sua solução se tornar dispensável, a viabilidade do projeto estará comprometida. Esse questionamento é ainda mais importante para quem deseja empreender na área de tecnologia.

54 | O guia definitivo para empreender com sucesso

5. VOCÊ TEM ALGUMA HABILIDADE ESPECÍFICA OU VANTAGEM COMPETITIVA NESSA ATIVIDADE?

Habilidades específicas podem ser um diferencial importante. Um salão de cabeleireiro, por exemplo, passa no teste de todas as perguntas anteriores. Afinal, cortar cabelo é um problema com grau de prioridade alto das pessoas, é frequente (cabelos estão sempre crescendo e precisam ser cortados regularmente) e a forma como é realizado é muito parecida há séculos. No entanto, se este será o seu negócio, você deve se perguntar o que terá de diferente (melhor) em relação aos outros salões de cabeleireiro. Este diferencial pode vir, por exemplo, da habilidade do profissional que trabalhará cortando o cabelo ou até mesmo do valor agregado ao serviço oferecido (serviços oferecidos junto com o corte de cabelo).

O mesmo ocorre na indústria automotiva. Mesmo em peças de reposição que possam ser consideradas *commodities* (pastilhas de freio, por exemplo), algumas marcas conseguiram ao longo do tempo se destacar no mercado e criar vantagens competitivas a ponto de serem adotadas pelas marcas mais caras e luxuosas. Anote: ter uma vantagem competitiva clara é determinante para o sucesso do seu negócio.

6. QUAIS SÃO AS BARREIRAS DE ENTRADA PARA NOVOS CONCORRENTES?

Se um negócio for bem-sucedido, ele atrairá competidores. Tenha isso como certo! Portanto, é essencial avaliar quais barreiras podem dificultar a entrada de novos concorrentes e proteger sua posição no mercado.

Se a solução oferecida for inovadora e resolver um problema prioritário com frequência, novos empreendedores podem tentar replicá-la. Nesse cenário, sua empresa precisará garantir uma vantagem sustentável, seja por meio de tecnologia exclusiva, patentes, atendimento diferenciado ou base de clientes consolidada.

7. QUAIS OS EXEMPLOS BEM-SUCEDIDOS E MALSUCEDIDOS QUE VOCÊ CONHECE DESSE NEGÓCIO?

É raro que uma ideia seja de todo inédita. Como mencionado no Eclesiastes: *"O que foi, isso é o que há de ser; e o que se fez, isso se fará; de modo que **nada há de novo debaixo do sol.**"* Isso significa que, provavelmente, outras pessoas já tentaram fazer algo semelhante ao que você está tentando.

Para avaliar a viabilidade do seu empreendimento, é importante estudar tanto os casos bem-sucedidos quanto os fracassos que já aconteceram com outros. Sempre tendo em mente que muitas das histórias de sucesso que você irá ouvir podem ter sido influenciadas pelo acaso. Estudar os casos de fracasso ensinará sobre muitas armadilhas que, provavelmente, você enfrentará e que, se conhecidas de antemão, podem ser evitadas.

56 | O guia definitivo para empreender com sucesso

8. QUAIS OS PRINCIPAIS RISCOS DESTA ATIVIDADE, AS VARIÁVEIS SOBRE AS QUAIS VOCÊ TERÁ MENOS CONTROLE?

Algumas variáveis podem afetar um negócio e não estão sob o controle do empreendedor. Identificar esses riscos é fundamental para garantir a resiliência da empresa.

Por exemplo, imagine alguém que deseja abrir uma escolinha de futebol para crianças em uma quadra poliesportiva descoberta. Embora a demanda exista e o profissional tenha experiência como jogador (sua vantagem competitiva), a dependência das condições climáticas representará um risco. Em dias de chuva, as aulas serão canceladas, e os pais podem se recusar a pagar por horários perdidos.

Todos esses fatores devem ser considerados na fase de planejamento, pois podem comprometer a viabilidade do empreendimento.

O *ELEVATOR PITCH*

O *elevator pitch* é uma expressão utilizada para apresentar um negócio de forma clara e objetiva em poucos segundos. O nome vem da ideia de que, se você encontrasse um investidor ou cliente potencial dentro de um elevador, teria apenas o tempo de uma curta viagem para despertar o interesse dele com um breve discurso de venda (*pitch*).

Por exemplo, o Instituto Conhecimento Liberta (ICL), empresa que eu e Rafael Donatiello fundamos, pode ser descrito da seguinte forma:

> *"O ICL é um instituto que oferece informação independente e de qualidade por meio de cursos, jornalismo e entretenimento, de graça ou por um preço muito abaixo da concorrência."*

Se você não consegue explicar seu negócio de forma simples e direta, provavelmente enfrentará dificuldades para executá-lo e para vendê-lo a outras pessoas. O ideal é testar essa explicação com terceiros e avaliar se sua mensagem é compreendida de imediato.

Às vezes, uma pessoa quer me mostrar um projeto e diz que precisa de uns 15 minutos. Eu já fico morrendo de preguiça, afinal é raro eu ter 15 minutos livres hoje em dia, infelizmente. Muitas pessoas se reúnem comigo para apresentar uma ideia, mas, após horas de conversa, elas próprias acabam sem saber ao certo o que estão tentando me vender. Eu explico a elas que é exatamente por isso que precisam de tanto tempo, porque não sabem de maneira clara a solução que estão oferecendo. Portanto, é muito importante você conseguir realizar este exercício e conseguir descrever o seu negócio de maneira simples e rápida.

Descreva o seu negócio em uma frase simples e curta:

Exemplo: "O ICL oferece informação independente e de qualidade através de cursos, jornalismo e entretenimento, de graça ou por um preço muito abaixo da concorrência."

Se você tem dificuldade de explicar o seu negócio, terá sérios problemas para executá-lo e vendê-lo a alguém.

58 | O guia definitivo para empreender com sucesso

Bom, já falamos de negócio, que é, como vimos, a atividade que você vai desenvolver.

Vamos falar agora sobre o que é uma empresa.

O que é uma empresa?

Empresa é a forma como um grupo de pessoas se organiza (organização) para realizar um negócio. É uma ficção jurídica, uma ideia que criamos para representar este **grupo de pessoas** organizado.

A empresa é a forma como um grupo de pessoas se organiza para realizar uma atividade ou conduzir um negócio. Por essa razão, pode ser compreendida como uma estrutura organizacional voltada a um propósito específico. O próprio termo "organização" é, muitas vezes, utilizado como sinônimo de empresa, pois remete à ideia de coordenação e ordenamento para atingir determinados objetivos.

Curiosamente, quando falamos em organização, muitas referências podem vir à mente. Um exemplo conhecido é o das fictícias "Organizações Tabajara", criadas pelos humoristas do programa *Casseta & Planeta*, grande sucesso das décadas de 1980 e 1990. Ainda que essas referências sejam variadas, todas compartilham um princípio essencial: uma organização não é um ente físico, mas um conceito que representa um grupo estruturado de indivíduos.

A empresa é uma ficção jurídica. Não se trata de algo concreto e palpável, mas de uma construção abstrata que simboliza um coletivo organizado. Nunca se poderá cumprimentar uma empresa, colocá-la em uma caixa ou fixá-la em uma parede. No entanto, é possível materializar sua identidade por meio de elementos simbólicos, como a marca, o logotipo ou os produtos que a representam. Esses símbolos, contudo, só existem porque há pessoas trabalhando de forma coordenada. Assim, a essência da empresa não reside em seus ativos ou em seu nome, mas na estruturação e no alinhamento das atividades de seus integrantes.

Esse é um conceito fundamental: para que uma empresa funcione de maneira eficiente e obtenha bons resultados, é necessário que duas condições sejam simultaneamente atendidas. A primeira é a reunião de um grupo qualificado de pessoas; a segunda, a organização eficaz desse grupo. A ausência de qualquer um desses fatores compromete o sucesso.

A metáfora de uma equipe esportiva ilustra bem essa ideia. Considere um time de futebol, basquete, vôlei ou handebol. Se a equipe reúne grandes talentos, mas carece de organização tática, dificilmente vencerá um campeonato. Um exemplo marcante foi o Flamengo de quando eu era ainda jovem, quando sua torcida celebrava o trio ofensivo composto por Sávio, Romário e Edmundo. Apesar da qualidade individual desses jogadores, o time não conquistou títulos, pois não conseguia atuar de forma coesa e eficaz. Da mesma maneira, mesmo os melhores treinadores do mundo, como Pep Guardiola, por exemplo, teriam dificuldades para obter bons resultados se comandassem uma equipe composta por jogadores tecnicamente limitados. A excelência, portanto, só é alcançada quando talento e estrutura organizacional atuam em conjunto.

Para que uma empresa prospere, é indispensável a presença de dois elementos fundamentais:

- Um grupo de pessoas qualificadas
- Uma estrutura organizacional eficiente

A combinação desses fatores é o que possibilita a construção de uma empresa sólida e bem-sucedida.

Mas o que realmente significa dizer que uma empresa é "boa" ou "ruim"? Esses adjetivos podem ter diferentes interpretações, pois são conceitos subjetivos que variam de acordo com a perspectiva de cada indivíduo. Você concorda?

No capítulo anterior, apresentei, de maneira objetiva, a essência do sistema capitalista: um modelo econômico marcado por sua natureza altamente competitiva, exigente e, quase sempre, implacável. Os números comprovam essa realidade – a taxa de mortalidade das empresas é alarmante, o que evidencia as dificuldades enfrentadas por aqueles que tentam se estabelecer nesse cenário.

No capitalismo, a lógica predominante é a da competição acirrada. Não há quase espaço para parcerias genuínas, camaradagem ou solidariedade no sentido mais amplo. Não se trata, aqui, de um juízo de valor, mas de uma constatação objetiva. O funcionamento desse sistema não depende de boas intenções, mas da disputa por espaço, recursos e relevância. Nesse contexto, um grupo bem estruturado e uma organização eficiente são aqueles que possuem maior capacidade de se manter vivos e prosperar. E, mesmo que se critique essa lógica – e eu a critico fortemente –, o simples fato de possuir ou trabalhar para uma empresa já implica fazer parte dessa dinâmica.

Assim, para sobreviver e crescer dentro desse modelo, todos nós estamos, de alguma forma, inseridos nesse jogo competitivo. E, uma vez que essa é a realidade com a qual lidamos, vale a pena refletir sobre o que torna uma organização ou um grupo verdadeiramente eficaz.

Dito isso, avancemos para compreender os elementos que definem uma boa organização e um grupo de trabalho eficiente.

Gráfico 4
O que faz um grupo de pessoas ser bom?

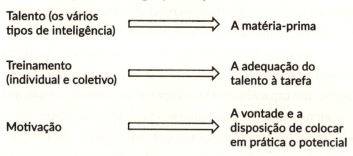

O que faz um grupo de pessoas "bom"? Em primeiro lugar, o talento. Assim como uma equipe esportiva precisa de jogadores habilidosos – um time de futebol exige atletas com bom domínio de bola, precisão no chute e velocidade; no vôlei, são necessárias técnicas como uma boa manchete, um toque preciso e um saque eficiente –, qualquer organização depende de indivíduos com aptidões adequadas às suas funções. No xadrez, por exemplo, um jogador excepcional deve possuir raciocínio estratégico apurado e habilidades matemáticas para antecipar múltiplas combinações possíveis no jogo. O talento, portanto, é a matéria-prima essencial.

Contudo, talento por si só não é suficiente. Para que o talento possa ser aproveitado com plenitude, é necessário desenvolvimento. O próximo passo, então, é o treinamento. Existem inúmeras pessoas naturalmente dotadas para determinadas atividades – seja no surfe, no basquete, na costura ou no design de moda –, mas que jamais receberam um treinamento à altura de seu potencial. Sem esse aperfeiçoamento, o talento permanece subaproveitado.

O treinamento pode ocorrer em diferentes ambientes, como escolas, universidades ou cursos especializados. Mais do que isso, ele deve ser direcionado tanto ao aprimoramento individual quanto à integração coletiva, permitindo que os talentos sejam aplicados de maneira eficiente no contexto prático.

Podemos, então, recapitular: o primeiro passo é identificar talentos promissores. O segundo é treiná-los para que saibam utilizar suas capacidades de maneira eficaz. O terceiro, e não menos importante, é garantir que essas pessoas tenham vontade de colocar seu talento em prática, o que chamamos de **motivação**.

Imagine um indivíduo talentoso, devidamente treinado, mas desmotivado. Sem motivação, o potencial não se concretiza. Um exemplo marcante no futebol foi Adriano, o Imperador. Craque inegável, ele chegou a um ponto em que perdeu o desejo de jogar, afirmando não sentir mais vontade de exercer seu talento. O mesmo ocorre em outras áreas: há cantores e cantoras que possuem grande talento e técnica vocal aprimorada, mas, ao atingirem a fama e o sucesso financeiro, perdem o sentido daquilo que fazem. Casos de artistas renomados que entram em depressão e abandonam suas carreiras não são raros. Assim, além de identificar e treinar talentos, é essencial mantê-los motivados.

Dentro de uma empresa, o ideal é que as pessoas possuam habilidades que, ao serem combinadas, produzam um resultado superior à simples soma dos esforços individuais. Se João tem capacidade para gerar um resultado de 2 e Maria também, sua atuação conjunta, quando bem organizada e motivada, não resultará em 4, mas em 5, pois suas competências se complementam e se potencializam mutuamente. Para que isso aconteça, a diversidade de habilidades dentro do grupo deve ser considerada de forma estratégica.

Se dois profissionais possuem exatamente a mesma função e competências, há um risco de competição interna prejudicial, levando a disputas por espaço e até a sabotagens. Mais do que isso, além de competências complementares, é fundamental que haja compatibilidade entre os perfis psicológicos e comportamentais da equipe. Nem sempre basta que dois profissionais tenham habilidades que se encaixem bem; se suas personalidades forem conflitantes, a dinâmica do grupo pode ser comprometida.

Um exemplo comum ocorre quando um profissional tem um perfil expansivo e comunicativo, enquanto outro prefere o silêncio e se incomoda com interações constantes. Se essa incompatibilidade não for percebida e gerida adequadamente, a produtividade e a harmonia da equipe podem ser afetadas. Muitas vezes, ao avaliar um candidato promissor, a primeira impressão pode sugerir que ele será uma excelente adição à equipe. No entanto, poucos se preocupam em analisar se essa pessoa conseguirá trabalhar bem em conjunto com os demais membros da organização – e esse é um aspecto que jamais deve ser negligenciado.

64 | O guia definitivo para empreender com sucesso

Pode-se questionar se é realmente necessário refletir sobre todos esses fatores na formação de uma equipe. A resposta é sim, mas de forma natural e integrada ao processo de gestão. Isso significa desenvolver métodos para avaliar as competências, elaborar critérios objetivos e incorporá-los ao processo de recrutamento e estruturação de grupos de trabalho.

Tendo compreendido a importância de selecionar, treinar e motivar um grupo qualificado, podemos agora avançar para a próxima etapa: como organizar eficazmente esse grupo.

O que faz uma organização ser boa:

- Plano de ação (estratégia) bem definido e executável;
- Lideranças preparadas intelectual e emocionalmente para colocar o plano em prática conforme planejado;
- Trabalhadores capazes de receber as tarefas e executá-las com precisão;
- Controles para monitorar e gerenciar as diversas etapas do negócio individualmente e em grupo (uma etapa pode parecer que vai bem até percebermos que afeta negativamente uma outra da forma como funciona);
- Comunicação interna e externa eficientes;
- Bom gerenciamento de riscos, inevitáveis a qualquer negócio;
- Capacidade de identificar seus pontos fortes e fracos, ambos de enorme importância, mas o segundo muito mais difícil de ser encarado.

Ao introduzirmos a questão da complementaridade entre os indivíduos dentro de uma organização, bem como a importância da compatibilidade de temperamentos, surge a pergunta: o que mais contribui para que uma organização seja eficiente?

O primeiro aspecto fundamental é a existência de um plano de ação bem estruturado e viável. Não basta conceber um planejamento teoricamente perfeito se, na prática, sua execução for inviável. Mas o que torna um plano impossível de se executar? Um dos fatores críticos é a resistência humana à repetição exaustiva e monótona de tarefas. Ainda que um plano pareça funcional nos primeiros dias ou semanas, é improvável que as pessoas consigam sustentá-lo por longos períodos se ele depender exclusivamente da disciplina para manter a execução de atividades tediosas.

Para ser eficaz, um plano de ação deve ser claro, acessível e fácil de compreender. Ele deve funcionar como um manual bem elaborado, oferecendo diretrizes precisas para que todos saibam exatamente o que fazer, evitando dúvidas e incertezas ao longo do processo.

Vale ressaltar que, ao longo desta discussão, quando utilizo o termo "empresa" os mesmos conceitos são válidos para diferentes tipos de empreendimentos. Embora o foco deste livro seja o empreendedorismo, os mesmos princípios se aplicam a um exército, um partido político, uma organização não governamental ou até mesmo a uma produção artística.

Qualquer estrutura organizada de pessoas necessita de liderança qualificada, tanto intelectual **quanto emocionalmente**. Há indivíduos brilhantes em suas áreas de atuação, mas que não

66 | O guia definitivo para empreender com sucesso

possuem as habilidades emocionais necessárias para liderar uma equipe com eficácia.

Uma vez que o plano de ação esteja bem definido e seja executável, surge um novo desafio: encontrar uma liderança capaz de conduzir sua implementação. Esse líder deve possuir não apenas competência técnica, mas também inteligência emocional para gerir equipes e superar obstáculos imprevistos. Além disso, é essencial selecionar profissionais aptos a executar as tarefas previstas, não necessariamente os melhores do mundo, mas aqueles que sejam adequados ao que foi planejado.

Para garantir que tudo esteja progredindo conforme o esperado, é imprescindível a existência de ferramentas de controle eficientes. A gestão deve ser capaz de monitorar continuamente as diferentes etapas do processo, comparando os resultados obtidos com as previsões iniciais. Caso haja discrepâncias, é necessário investigar suas causas e realizar os ajustes necessários. Esse acompanhamento deve ocorrer tanto no nível individual, avaliando o desempenho de cada colaborador, quanto no nível organizacional, analisando a interação entre diferentes áreas.

É comum que algumas áreas da empresa operem em um ritmo mais acelerado do que outras, cumprindo suas etapas mais rapidamente do que o planejado. No entanto, essa eficiência aparente pode gerar gargalos em setores que não conseguem acompanhar a mesma velocidade, resultando em um acúmulo de tarefas não processadas. Nessas situações, pode ser necessário ajustar a velocidade de determinados setores para manter o equilíbrio geral do sistema. Um bom monitoramento permite identificar e corrigir esses desequilíbrios antes que se tornem prejudiciais ao funcionamento da organização. Assim como um relógio precisa que todas as suas engrenagens estejam em harmonia para funcionar corretamente, ou uma orquestra precisa que todos os instrumentos sejam tocados no mesmo ritmo para que a melodia fique perfeita, uma empresa necessita de equilíbrio entre suas diferentes áreas.

Além da organização interna, uma empresa deve ter uma comunicação eficaz, tanto para dentro como para fora de sua estrutura. Uma boa liderança exige a capacidade de transmitir instruções de forma clara e compreensível. A execução eficiente das tarefas depende de uma comunicação bem estabelecida entre os membros da equipe, garantindo que todos saibam como atuar de maneira complementar, sem sobreposição ou desalinhamento de funções.

Outro elemento essencial para o sucesso de uma organização é o gerenciamento de riscos. Nenhuma empresa está imune a imprevistos, e a capacidade de antecipar e mitigar problemas é determinante para sua sobrevivência. Voltemos ao exemplo de uma escolinha de futebol que utiliza uma quadra ao ar livre. A chuva representa um risco de recorrência imprevisível, mas que pode ser administrado por meio de um planejamento prévio. Uma solução poderia ser estabelecer uma parceria com uma academia próxima, permitindo que, em dias de chuva, os alunos realizem treinamento físico em ambiente coberto. Essa estratégia beneficiaria ambas as partes e ilustra a importância de identificar riscos e planejar respostas adequadas para minimizar seus impactos.

Por fim, toda organização deve estar atenta aos seus pontos fortes e fracos. Os pontos fortes costumam ser evidentes, pois são motivo de orgulho e reconhecimento. Já os pontos fracos tendem a ser negligenciados, muitas vezes por vaidade ou receio de exposição. No entanto, são justamente essas fragilidades que demandam maior atenção, pois sua identificação e correção podem determinar o sucesso ou o fracasso de um empreendimento.

O professor Clayton Christensen, referência na área de administração e inovação, aborda essa questão em sua obra *Como avaliar sua vida?*, um livro que me marcou para sempre. Além desse título, Christensen é autor de *O dilema da inovação*, considerado pela revista *The Economist* um dos seis livros mais influentes sobre negócios dos últimos 50 anos.[2] Apesar de termos visões ideológicas distintas – Christensen era um homem profundamente conservador, com forte influência de sua criação em uma família mórmon –, seu brilhantismo acadêmico e sua contribuição para o pensamento empresarial são inegáveis.

Em *Como avaliar sua vida?*, ele introduz um conceito essencial: *good money* e *bad money* – que, em tradução literal, significam "dinheiro bom" e "dinheiro ruim". Esses termos, contudo, não carregam um juízo de valor moral, não se referem ao que seria eticamente certo ou errado. Segundo Christensen, *good money* é aquele que proporciona primeiro o lucro e, depois, o crescimento da empresa. Já *bad money* é aquele que impulsiona o crescimento antes de garantir a rentabilidade. Essa distinção pode parecer sutil, mas tem implicações profundas na sustentabilidade de um negócio.

---

2. Clayton M. Christensen, *Como avaliar sua vida?: em busca do sucesso pessoal e profissional*, Rio de Janeiro: Alta Books, 2012. Clayton M. Christensen, *O dilema da inovação: quando as novas tecnologias levam as empresas ao fracasso*, Rio de Janeiro: MBooks, 2011.

> ### *Good money x bad money*
> ### (Dinheiro bom x dinheiro ruim)
>
> *Good money*: primeiro se busca ter uma atividade lucrativa para depois fazer crescer esta atividade e disputar fatia de mercado.
> *Bad money*: primeiro se busca crescer a atividade e conquistar mercado para depois focar na lucratividade.

Tomemos como exemplo o WhatsApp, um aplicativo muito conhecido e utilizado. Quando seu criador fundou a empresa, optou pela estratégia do *bad money*. Mas por quê? Porque seu objetivo inicial era exclusivamente o crescimento. Ele direcionou todos os esforços para aumentar a base de usuários, mesmo ciente de que essa estratégia não geraria retorno financeiro imediato. Pelo contrário, a empresa enfrentou grandes prejuízos para expandir rapidamente.

Empresas de tecnologia, como o WhatsApp, muitas vezes adotam essa abordagem. O motivo é simples: no setor de tecnologia, a velocidade de crescimento é um fator determinante para a conquista de mercado, pois a evolução acontece de forma acelerada. Essas empresas precisam expandir rapidamente e, somente após dominarem o mercado, começam a buscar formas de monetização, desenvolvendo estratégias para gerar lucro. Amazon, Google, Facebook também operaram sob essa lógica, acumulando prejuízos significativos nos estágios iniciais.

No entanto, essa estratégia não está isenta de riscos. No mundo dos negócios, ouvimos muitas histórias de sucesso que nos levam a acreditar que abrir uma empresa é sempre uma decisão acertada, que resultará em um crescimento contínuo e sustentável. Essa visão, contudo, ignora a alta taxa de mortalidade das empresas. No próximo capítulo, apresentarei um estudo de caso pessoal de uma ideia promissora e que tinha potencial para se tornar um empreendimento muito bem-sucedido, mas que, apesar do crescimento inicial, não foi capaz de seguir adiante devido à falta de capital disponível para sustentar as operações da empresa.

Esse é um ponto crucial: para adotar a estratégia do *bad money*, é necessário contar com o que se chama de *deep pocket*, um termo em inglês que significa, literalmente, "bolso profundo" – ou seja, uma reserva substancial de capital. Empresas como Facebook, Google e Amazon puderam sustentar prejuízos iniciais graças ao apoio de investidores dispostos a injetar dinheiro continuamente até que o crescimento levasse à rentabilidade. Sem esse suporte financeiro, a estratégia se torna insustentável.

Quando precisei me reinventar como profissional após deixar o banco onde trabalhava, a realidade que enfrentei era desafiadora. Eu havia passado por um divórcio recente, tinha pouca liquidez e ainda aguardava o pagamento de valores devidos a mim pelo banco, um processo que se arrastou por anos. Nesse cenário, montar uma empresa exigia uma abordagem distinta: em vez de apostar no crescimento acelerado e lidar com prejuízos iniciais, era essencial gerar resultados positivos desde o começo. O crescimento precisaria ser orgânico, sustentado pela rentabilidade.

Foi assim que estruturamos as atividades que, ao longo dos anos, resultaram na criação do ICL. O primeiro produto comercializado foi o curso **Investidor Mestre**, e a resposta do público à aula inaugural determinou o montante que poderíamos investir para expandir na segunda aula. O desempenho dessa segunda aula, por sua vez, definiu o orçamento disponível para a terceira, e assim sucessivamente. Não havia margem para riscos elevados ou investimentos desproporcionais. Meu momento de vida não permitia essa aposta.

Por essa razão, adotei a estratégia do *good money*: priorizar a obtenção de lucro antes de buscar crescimento acelerado. Eu não tinha todo o dinheiro do mundo para investir, aliás costumo dizer que se uma única pessoa possui todo o dinheiro do mundo, o restante do mundo está sem dinheiro. Caso tivesse o apoio de um grande investidor, poderia ter seguido o modelo das gigantes da tecnologia, permitindo prejuízos iniciais para expandir rapidamente. Mas essa não era a minha realidade.

Diante disso, é fundamental que cada empreendedor compreenda suas próprias condições antes de definir sua estratégia. Há capital disponível para sustentar prejuízos prolongados em prol do crescimento acelerado? Se não houver, a melhor alternativa pode ser iniciar de maneira mais modesta, garantindo que o negócio tenha rentabilidade desde os primeiros estágios. O importante não é a velocidade do crescimento, mas a capacidade de manter a empresa viva até que ela atinja a maturidade.

Muitas empresas fracassam mesmo quando tudo parece estar indo bem, justamente porque não conseguem sustentar a fase inicial de prejuízos inerentes à estratégia do *bad money*. Antes

72 | O guia definitivo para empreender com sucesso

de escolher essa estratégia, é necessário refletir: você realmente está preparado para assumir esse nível de risco? Tem os recursos necessários para lidar com ele? Qual é a melhor abordagem para garantir a sustentabilidade do negócio?

Outro ponto relevante é que a escolha entre *good money* e *bad money* não deve se basear apenas na disponibilidade de capital. Mesmo que uma empresa tenha recursos abundantes, o crescimento acelerado pode ser prejudicial se a equipe não estiver preparada ou se a infraestrutura não for capaz de acompanhar a expansão. Um exemplo ilustrativo ocorreu durante a estruturação do ICL: naquele momento, poderíamos ter investido na aquisição de câmeras 4K para produzir nosso conteúdo. No entanto, essa decisão teria sido irracional, pois o YouTube não suportava transmissões nessa qualidade, e a maior parte dos espectadores não dispunha de internet banda larga para assistir a vídeos em 4K. O investimento teria sido desnecessário, sem trazer qualquer benefício prático. Optamos, então, por utilizar câmeras de menor definição, adequadas à realidade do público. Esse exemplo demonstra que gastar mais dinheiro nem sempre é a melhor escolha; muitas vezes, a eficiência está em utilizar os recursos de maneira inteligente.

Portanto, reforço que os conceitos de *good money* e *bad money* não indicam que uma abordagem é melhor do que a outra. A distinção está no foco da estratégia: enquanto o *good money* busca primeiro a rentabilidade para depois crescer, o *bad money* prioriza o crescimento, assumindo eventualmente grandes prejuízos iniciais para conquistar mercado.

Neste capítulo, busquei ajudá-lo a refletir sobre uma questão essencial: o que é preciso para montar uma boa empresa e atuar em um bom negócio? Ao longo do livro, você encontrará diversas ferramentas para aplicar esses conceitos na prática e definir a melhor estratégia para o seu caso.

A seguir, aprofundaremos essa discussão por meio do estudo de caso do ICL.

3.
ESTUDOS DE CASO

No início deste livro, falei sobre a importância de estudar casos de sucesso em negócios, mas destaquei que é ainda mais relevante analisar casos de fracasso, já que eles costumam trazer as lições mais valiosas. Neste capítulo, vou apresentar casos de ambos, começando pelo processo de criação do Instituto Conhecimento Liberta (ICL), desde a fundação, por mim, Rafael Donatiello e Ricardo Souza, até os dias de hoje. O Ricardo já não está mais conosco no Instituto, mas faço questão de mencioná-lo, porque acredito que não existe "ex-fundador". Fundador é para sempre e deve ser lembrado como parte da história.

A riqueza dos estudos de caso está justamente no fato de não se limitar a uma narrativa linear. Vamos além da história em si, estudando conceitos fundamentais de empreendedorismo aplicados à prática. Vou abordar, por exemplo, como escolhemos o segmento de atuação e os riscos envolvidos, como estruturamos a empresa – algo que dialoga com a discussão anterior sobre empresa e negócio –, além de responder a questões levantadas nos capítulos anteriores: qual era nossa vantagem competitiva? Como enfrentamos os grandes *players*? Quais eram nossos pontos fortes e fracos? Aqui, a teoria será aplicada a um caso

76 | O guia definitivo para empreender com sucesso

concreto, proporcionando insights e novas percepções, especialmente por ainda não termos analisado um exemplo real com todos os seus detalhes.

O ICL é um caso de sucesso. Vou compartilhar números e informações inéditas neste livro para que você possa mergulhar no exemplo de forma transparente. Ao final do capítulo, também trarei dois casos de iniciativas empreendedoras que tentei realizar e que não deram certo.

Muitos escondem seus fracassos, principalmente quando alcançam algum nível de notoriedade. A tendência é mostrar apenas as conquistas. Há quem diga que eu tenho o toque de Midas, que tudo que faço dá certo, mas quem me acompanha de perto sabe que isso está longe de ser verdade. Já errei muito. E quero deixar claro que um insucesso, da forma como hoje vejo, não significa que uma ideia era ruim ou que não valia a tentativa.

Algumas ideias falham porque o momento não era o certo. Outras, porque variáveis externas não se alinharam de forma favorável. E há aquelas que falham porque, simplesmente, ainda não tínhamos o conhecimento necessário quando tentamos implementá-las. Pode ser frustrante pensar que tudo teria sido melhor se tivéssemos esse conhecimento antes, mas é justamente a soma desses tropeços que, no meu caso, me fez chegar até aqui.

Costumo dizer que **somos a soma de todos os nossos erros.** É comum, hoje, me criticarem por eu ter mudado opiniões políticas ou empresariais ao longo dos anos. E é verdade: mudei mesmo. Porque essa é a essência do processo de aprendizado. Minha visão atual é fruto de uma trajetória de tentativas e erros, de revisões e amadurecimento. Eu sou o resultado de tudo isso.

Estudos de caso | **77**

Da mesma forma, os estudos de caso nos ajudam a entender o que, de fato, foi decisivo para que um empreendimento obtivesse sucesso ou fracassasse. Eles nos ensinam a ler contextos e decisões dentro de um panorama mais amplo.

Mas, antes de mergulharmos no estudo do ICL, quero contar quem era o Eduardo Moreira antes de fundar o Instituto. Isso porque há quem acredite que apareci na internet do nada, como tantos influenciadores de hoje. A verdade é que minha história é longa – e começa bem antes da criação do ICL, no mundo das finanças, primeiro pilar do Instituto: a educação financeira.

Minha trajetória profissional começou em 1997, no Banco Pactual, onde atuei no **Back Office**, cuidando de cálculos de cotas de carteiras administradas e de controles gerenciais. Após um ano, fui promovido para a área de **Sales & Trading Internacional**, na mesa de operações, onde comprava e vendia títulos de dívida no mercado externo. Depois, passei pela área de ações e, mais tarde, para a mesa de *commodities* – negociando gás natural, petróleo e grãos.

Graças a essa visão ampla de diferentes áreas, fui promovido para a **tesouraria** do banco, no setor de **Asset and Liability Management (ALM)**, responsável pela gestão de ativos e passivos, incluindo a gestão do caixa. Quando o controlador do banco se mudou para São Paulo, fui convidado a ir junto e passei a liderar também toda a área de **Sales & Trading de Renda Fixa Internacional**, responsável por comprar e vender títulos de dívida de países e empresas.

Quando o Pactual foi adquirido pelo banco suíço UBS, assumi a área de mercados emergentes de **Repurchase Agreements (Repo)**,

78 | O guia definitivo para empreender com sucesso

que cuida de operações de empréstimo entre bancos, lastreados em títulos públicos e privados. São também conhecidas como **operações compromissadas**, pois consistem em operações de venda ou compra de títulos com o compromisso de sua recompra ou revenda numa data futura.

Minha rotina durante alguns anos passou a incluir períodos nos escritórios de São Paulo, Cidade do México, Londres, Zurique e Nova York, sobre os quais eu tinha gerência. Quando, mais tarde, o banco foi recomprado pela BTG, saí com três sócios para fundar a **Brasil Plural**, que em 2012 adquiriu a corretora **Geração Futuro**. Foi lá que criei a marca **Genial Investimentos** e o modelo de negócios digital da empresa, coordenando inclusive o desenvolvimento de seu premiado aplicativo.

Nessa época, meu nome já era razoavelmente conhecido no mercado financeiro, mas era também por atividades incomuns para um banqueiro de investimentos: escrevia livros, domava cavalos e falava de educação financeira para grandes públicos. Em 2012, fui condecorado pela rainha Elizabeth II por defender a doma não violenta de cavalos, o que gerou enorme repercussão e alavancou a venda dos meus livros. Em 2016, reencontrei a rainha em uma recepção no Castelo de Windsor, evento que novamente me colocou em evidência.

Antes de fundar o ICL, portanto, minha imagem pública já existia: um educador financeiro com forte ligação com causas sociais e apaixonado por ensinar. Uma evidência disso é o fato de, em 2013, ter sido listado pela revista *Época Negócios* como um dos quarenta brasileiros com menos de 40 anos mais bem-sucedidos do país.

Estudos de caso | 79

Essa trajetória se conecta com a reflexão que fizemos anteriormente: o que torna você único? Qual é a sua **vantagem competitiva?** Essa pergunta não exige uma resposta simples, mas deve apontar para o que há de singular em você. No meu caso, minha combinação de habilidades, experiências e interesses formou um personagem único no mercado.

Esse perfil atraiu convites para palestras cada vez mais lotadas. Nelas, falava sobre doma de cavalos, educação financeira, gestão de empresas e inovação. Foram literalmente centenas de eventos, alguns deles grandes e famosos como o **ExpoInter**, a **Expo Money** e o **CONARH**, este último um dos maiores de RH do país, onde fechei a programação oficial após a abertura feita pelo ex-presidente Fernando Henrique Cardoso.

Foi essa capacidade de atrair e conectar públicos que me levou a ser procurado por um grupo que queria trazer para o Brasil um curso estrangeiro de educação financeira. Fui claro desde o início: não compactuava com a estratégia de prometer fórmulas mágicas de enriquecimento rápido. Meu foco sempre foi educação financeira real, sem promessas enganosas. Concordamos que eu prepararia uma palestra de uma hora e, ao final, seria oferecido um curso de imersão comigo, durante um fim de semana.

Preparei todo o material e, quando chegou a hora de definir como seria a minha remuneração, optei por receber 25% da **receita** em vez de 50% do **lucro** (as duas opções que me deram), pois sabia que não teria controle algum sobre os custos, somente sobre as vendas (que seriam feitas por mim). Preocupado com a percepção dos meus sócios no banco, com medo de acharem

80 | O guia definitivo para empreender com sucesso

que estaria focando em outras atividades, decidi que todo o valor recebido pela venda do curso iria para o banco, não para mim.

A palestra reuniu cerca de 3 mil pessoas, e, no final, ofereci o curso de imersão comigo por R$ 7.997,00 – um valor que me parecia muito alto, mas que havia sido definido pelos organizadores que me contrataram. Mesmo assim, quase 800 pessoas se inscreveram em apenas 20 minutos. Resultado: a empresa faturou cerca de R$ 6 milhões, dos quais R$ 1,5 milhão seria meu! Quer dizer, meu não, afinal o medo do que meus sócios iriam pensar me fez tomar a decisão de reverter para o banco este resultado. Logo me arrependi profundamente deste combinado, afinal o banco não contribuiu absolutamente nada para a palestra ou para as vendas, mas o **combinado deve sempre ser honrado.**

Essa experiência foi, para mim, um divisor de águas. Mostrou que eu sabia ensinar algo relevante, me conectar com o público e, acima de tudo, resolver um problema real das pessoas: aprender a lidar com dinheiro. Enxerguei uma oportunidade e, insatisfeito no banco, decidi seguir esse chamado à aventura – e assim começou a jornada que me trouxe até o ICL.

Uso aqui a expressão **"chamado à aventura"** – guarde-a, pois voltaremos a ela no capítulo 6, quando falarmos sobre a **jornada do herói**, um conceito fundamental para estruturar apresentações, textos e roteiros. Esse conceito foi cunhado por **Joseph Campbell**, um dos maiores estudiosos sobre mitos, lendas e as narrativas que conectam os seres humanos como sociedade.

Todos nós, de alguma forma, vivemos nossas próprias jornadas do herói. E o **chamado à aventura** é aquele momento em que algo acontece e nos coloca diante de uma escolha: permanecer

Estudos de caso | **81**

na zona de conforto, onde reina a normose – a doença de seguir padrões estabelecidos sem questionar –, ou aceitar o desafio de desbravar o desconhecido e tentar algo novo. Empreender, de certa forma, é responder positivamente a esse chamado.

Depois daquela experiência com a palestra, passei por um problema grave de saúde. Fiquei internado por mais de uma semana, em estado crítico. Tive seis tromboses, uma delas evoluindo para uma úlcera. Passei dias sedado com morfina e outros cinco analgésicos em doses máximas para suportar a dor. Perdi mais de 12 quilos em uma semana. Literalmente, quase morri.

Foi nesse hospital, com todo o histórico de ter viajado pelo Brasil ensinando educação financeira, que comecei a aplicar, no meu próprio caso, o que sempre ensinava. Sob o efeito de remédios que alteravam meu estado de consciência, comecei a refletir sobre quem estava financiando minha internação naquele hospital de alto padrão, que mais parecia um hotel de luxo. Enquanto isso, numa triste coincidência, uma pessoa muito próxima, por quem tenho grande carinho, aguardava atendimento em um hospital público acompanhando sua filha que, quase desfalecida, sentia dores insuportáveis na região da barriga sem saber o motivo.

Sob o efeito da morfina – e talvez isso tenha até ajudado –, comecei a refazer mentalmente o **caminho do dinheiro**, o mesmo que eu ensinava nos cursos. Quem pagava pela minha internação? Meu plano de saúde. Mas quem pagava o plano? A empresa onde eu trabalhava. E quem pagava a empresa? Os clientes da empresa. Entre eles, aquele amigo que estava no hospital público! Cuja filha esperava, em meio a dores

82 | O guia definitivo para empreender com sucesso

desesperadoras, ser atendida. De repente, tive uma epifania: **Eu sou parte do problema que digo combater, eu sou uma das causas da desigualdade.**

Não era sobre mim, Eduardo, como indivíduo. Era sobre o papel social que eu ocupava, sobre a função que desempenhava dentro de um sistema econômico que perpetua injustiças. Meus hábitos, minha trajetória profissional, tudo isso me conectava diretamente às raízes daquele problema.

Durante a internação, comecei a gravar áudios no celular com essas reflexões. Assim que saí do hospital, coloquei tudo no papel. Esse material se transformou no livro *O que os donos do poder não querem que você saiba*.[3] Quando entreguei o manuscrito à editora, ela me perguntou se eu tinha certeza de que queria publicá-lo – afinal, o conteúdo criticava o sistema financeiro de maneira incisiva, expondo práticas corriqueiras dos bancos, como títulos de capitalização e produtos especulativos. Eles sabiam que aquilo não agradaria aos meus colegas de mercado.

Mesmo assim, decidi seguir adiante. Minha vida profissional era uma coisa, minha consciência e valores eram outra, eu imaginava. Só que a informação do livro vazou antes do lançamento, e a reação veio rápido. Fui informado pelo presidente do banco de que não seria possível continuar no meu emprego se publicasse o livro. Teria que escolher: o livro ou minha permanência na empresa. Além disso, me avisaram que, caso optasse pelo livro, minha saída se daria nos termos rigorosos previstos em contrato –

---

3. Eduardo Moreira, *O que os donos do poder não querem que você saiba*, Rio de Janeiro: Civilização Brasileira, 2019.

Estudos de caso | **83**

perderia toda a valorização de mercado acumulada pelo negócio que criamos ao longo dos anos em que estive como sócio.

Resumindo: nossa empresa valia muito mais do que no início, mas eu sairia sem nada. Enfrentei um dilema moral profundo: valeria a pena abrir mão de uma década de trabalho em nome de um princípio ético? Pode parecer simples se narrado assim, mas foi uma decisão dolorosa, que levou tempo para ser tomada.

Enquanto me recuperava em casa da internação no hospital e da cirurgia a que fui submetido, ainda fragilizado, vivi um momento revelador. Assistia a uma série da Marvel, *Punho de Ferro*, com meu filho mais velho, Francisco, que tinha 7 anos. Em uma cena, um vilão é desmascarado e, ao perceber que será exposto, tenta comprar o silêncio de uma testemunha com uma proposta milionária. Francisco, ao ver a cena, virou-se para mim e disse: "Papai, isso não está certo, né?" Perguntei por quê, e ele respondeu: "Porque ninguém deve esconder a verdade por causa de dinheiro."

Comecei a chorar ali mesmo. Meu filho não entendeu o motivo do choro, mas eu sabia que, naquela frase simples, ele havia me dado a resposta que eu precisava. No dia seguinte, fui ao banco e anunciei minha decisão: publicaria o livro e abriria mão de tudo.

Eu não tinha nada – apenas aquele livro. Quem já publicou um livro sabe que viver de direitos autorais é um desafio. Foi então que me lembrei da palestra que tinha dado e da comissão de 25% a que tinha direito, mas que havia transferido para o banco. Diante das desleais condições impostas pelos sócios na minha saída, exigi de volta uma parte desse valor da palestra como

84 | O guia definitivo para empreender com sucesso

compensação, e foi isso que me deu algum fôlego inicial para recomeçar minha vida profissional.

Na época da palestra, fiquei impressionado com o resultado e procurei a equipe que havia me contratado. Queria entender melhor como funcionava aquele mercado digital. Eles me indicaram a empresa do Rafael Donatiello, e foi assim que o conheci. Cheguei a convidar, enquanto ainda trabalhava no banco, Rafael e seu sócio, Ricardo Souza, para uma reunião com a nossa equipe de marketing. Mas, na época, o banco não demonstrou interesse em seguir a conversa.

Após minha saída em definitivo do banco, voltei a entrar em contato com o Rafael. Contei sobre minha decisão, sobre o livro e sobre minha vontade de ensinar educação financeira de uma forma honesta, sem promessas ilusórias. Queria explicar o funcionamento real de bancos, corretoras, fundos e ações, e mostrar como esse conhecimento poderia ajudar as pessoas a alcançarem equilíbrio financeiro. Convidei-o a embarcar nessa ideia. Ele topou.

Aqui entra um conceito que sempre compartilho: o **jogo da memória** da vida empreendedora. Peguei a carta da palestra de sucesso e a do Rafael, que conheci naquela reunião. Depois, conectei essas cartas ao desejo de levar o ensino de educação financeira para o mundo digital. Empreender é saber jogar esse jogo de memória – conectar cartas que nossa vivência nos faz abrir e que parecem desconexas, mas que, em algum momento, passam a fazer sentido juntas.

Muitas vezes, encontramos cartas soltas ao longo da vida: pessoas que conhecemos, habilidades que desenvolvemos, ideias que surgem e parecem sem função imediata. Mas é fundamental guardar cada uma delas, porque, em algum momento, elas podem se conectar e formar o quebra-cabeça que constrói um negócio de sucesso.

Como fruto desse jogo da memória, criamos em março de 2018 o nosso primeiro produto juntos: o curso de educação financeira **Investidor Mestre**, sem termos ainda a empresa que depois levaria o nome de Instituto Conhecimento Liberta. O lançamento do produto aconteceu no escritório do Rafael e do Ricardo, em São Caetano. Fizemos um **webinário**, uma aula on-line gratuita, chamada **Três Pilares para a Construção de Riqueza Permanente**, ao final da qual venderíamos o curso **Investidor Mestre**.

Investimos R$ 14 mil em anúncios para atrair público e vendemos R$ 82 mil em cursos. Foi um ótimo começo. No segundo webinário, poucos meses após o primeiro, investimos R$ 30 mil e vendemos R$ 120 mil. Animados, decidimos ir com força total no terceiro, investindo R$ 300 mil. Dessa vez, vendemos apenas R$ 270 mil, resultando em um prejuízo de R$ 30 mil, sem contar os 20% de comissão da dupla Rafael e Ricardo combinada em contrato, cerca de R$ 54 mil. Meu prejuízo total foi, portanto, de R$ 84 mil.

Mesmo com essa perda, mantive o combinado: afinal, prejuízo ou lucro, era minha responsabilidade pagar o que combinamos. Porém, durante uma viagem a Bogotá com o Rafael, ele me chamou para conversar. Disse que não achava correto, apesar de combinado, que eles ficassem com o lucro e eu com o prejuízo, e sugeriu transformar nossa parceria em uma sociedade de fato

86 | O guia definitivo para empreender com sucesso

para estarmos no mesmo barco. Para isso, abriria mão de suas outras 16 contas de clientes – grandes influenciadores e celebridades do Brasil – para que pudéssemos trabalhar exclusivamente juntos. Rafael e Ricardo passariam a ter 40% da nova empresa, e eu ficaria com 60%. Foi assim que nasceu o Instituto Conhecimento Liberta, ainda sem esse nome.

Mas com tantas empresas de educação financeira no mercado, por que a nossa daria certo? Volto à pergunta do início: **qual era nosso diferencial competitivo?** Além da minha história – o banqueiro que domava cavalos, foi condecorado pela rainha da Inglaterra e palestrava lotando auditórios – havia algo mais. E esse algo mais veio do aprendizado com os erros dos outros.

Naquele período, muitas empresas que haviam alcançado grande sucesso na internet estavam à beira da falência – ou já haviam encerrado suas atividades – em razão de um mesmo problema. Eram, em sua maioria, sites de vendas de passagens aéreas e pacotes turísticos, plataformas de cupons de desconto e empresas de cursos motivacionais que, após um rápido crescimento inicial, não conseguiram manter a sustentabilidade financeira.

A lógica de operação dessas empresas era relativamente simples: primeiro calculavam o custo para adquirir um cliente por meio de propaganda em plataformas como Google, YouTube e Facebook (que, na época, ainda era mais relevante que o Instagram). Essa métrica é conhecida no marketing digital como **Custo por Lead (CPL)** – o valor necessário para atrair um potencial cliente para seu funil de vendas. A partir dessa métrica, elas tinham como calcular o custo de aquisição de um novo cliente, vendo quantos dos potenciais clientes se tornaram clientes de fato. E aí comparavam esse custo com quanto o cliente deixaria de resultado durante seu ciclo na empresa. Se o resultado fosse maior que o custo de aquisição, era só escalar a operação. O problema é que, se o custo de anunciar nessas plataformas subisse muito (como acabou acontecendo), todo o modelo de negócios iria à ruína.

É uma conta básica. No primeiro webinário que realizei, por exemplo, investi R\$ 14 mil em anúncios para atrair 10 mil pessoas. Cada pessoa, portanto, custou R\$ 1,40 para ser atraída. Com esse dado, conseguíamos ter uma ideia inicial de eficiência da campanha e do investimento necessário para gerar novas vendas. Entre os potenciais clientes, alguns se tornaram verdadeiramente clientes, e então podíamos calcular o custo de aquisição de cada novo cliente.

Foi a partir da percepção desse risco (o de depender dos anúncios das plataformas) que eu e Rafael começamos a pensar em uma estratégia alternativa. Se tantas pessoas se interessavam a ponto de assistir à minha aula gratuita, por que focar apenas nas que efetivamente compravam o curso ao final? E se, em vez de descartar os que não compraram, nós cuidássemos de toda aquela comunidade que demonstrou interesse inicial? Assim surgiu a ideia de construir o que chamei de **"lago de clientes"** – um espaço onde, de maneira contínua, poderíamos pescar novos alunos, sem precisar recomeçar do zero a cada campanha.

Mas qual seria o segredo para construir e cuidar desse lago?

A estratégia que adotamos começou com a oferta de conteúdos gratuitos e de alto valor prático – algo que, mesmo sem custo para o público, entregasse conhecimento relevante e aplicável.

88 | O guia definitivo para empreender com sucesso

O primeiro material foi um e-book intitulado *Os sete pecados capitais dos investidores*, que funcionou como porta de entrada para milhares de pessoas. Aqueles que baixavam o e-book tinham acesso a um conteúdo de qualidade e, entre eles, parte se inscrevia para assistir às minhas aulas on-line.

Dentro desse funil, algumas dessas pessoas assistiam efetivamente às aulas. Dentre as que assistiam, uma parcela comprava o curso. Com isso, construímos um fluxo contínuo de prospecção, relacionamento e venda. Mas, ao contrário da lógica de outras empresas, que descartavam os que não compravam, nós decidimos cuidar dessa comunidade e cultivá-la.

Os sites de passagens aéreas e cupons, como falei, operavam de outra forma. Eles calculavam o custo de aquisição de cada cliente e comparavam com o lucro obtido por venda. Se o saldo era positivo, cresciam. Contudo, o modelo era muito frágil, pois dependia do preço cobrado pelas plataformas de anúncios. E foi exatamente isso que os levou à ruína: à medida que Google e Facebook aumentavam o custo da publicidade, essas empresas viam suas margens evaporarem até o colapso.

O mais irônico é que o lucro acumulado por essas empresas ao longo do tempo foi, em grande parte, transferido para as plataformas de anúncios, como consequência de seus seguidos prejuízos. Por este motivo, costumo dizer que as plataformas de anúncios são indiretamente donas dos negócios que anunciam nelas, pois conseguem ficar, ao longo do tempo, com todo o seu resultado.

Eu sabia que precisava escapar desse ciclo. Por isso, minha estratégia foi transformar o interesse inicial das pessoas em um relacionamento contínuo, mesmo com aquelas que não comprassem nada no primeiro contato. Um **lago próprio**, um espaço onde pudesse voltar a qualquer momento para me conectar com a comunidade.

Não importa se sua empresa fabrica cimento, oferece serviços de pintura ou conserta eletrodomésticos – em qualquer setor, você sempre precisará de um **lago** onde buscar clientes. A grande questão é: **em qual lago você vai pescar?** Como essas pessoas saberão que seu produto ou serviço existe?

No ambiente digital, o caminho mais comum é pagar para ter acesso ao lago alheio – no caso, os algoritmos de plataformas como Google, YouTube e Facebook. Mas, uma vez que já estávamos pagando para atrair pessoas, decidimos criar o nosso próprio lago, cultivando o relacionamento com todos aqueles que haviam demonstrado interesse pelo conteúdo. Para isso, organizamos uma série de **eventos gratuitos, aulas abertas, conteúdos informativos e experiências de aprendizado reais e consistentes.**

Essa estratégia não foi apenas comercial. Havia também uma dimensão ética. Não acreditamos que só quem pode pagar merece ser atendido. Se alguém procura nossas aulas, é porque precisa da informação que estamos oferecendo – e, muitas vezes, essa necessidade é fruto de exploração, desinformação ou mesmo de abusos do sistema financeiro. Se nos propomos a ajudar, precisamos ajudar de verdade, independentemente da capacidade dessas pessoas de comprarem nossos cursos. Esse cuidado com a comunidade foi o que transformou nosso lago em um ecossistema sólido e vivo.

90 | O guia definitivo para empreender com sucesso

Enquanto outras empresas precisavam pagar continuamente para reiniciar seus ciclos de captação, nós expandimos nossa comunidade e aprofundamos nossos vínculos com ela. Foi esse lago que se transformou em nosso principal ativo.

Então surgiu uma nova reflexão: **por que não transformar esse lago em um verdadeiro ecossistema de conhecimento?**

Começamos no mercado com o **Investidor Mestre**, voltado para educação financeira. Com o sucesso do curso e a sustentabilidade do modelo, decidimos ampliar a oferta de conhecimento para outras áreas. Criamos o **Instituto Conhecimento Liberta (ICL)**, oferecendo cursos em diversas disciplinas, todos com a mesma qualidade e cuidado, ministrados por professores e professoras com reconhecimento em suas áreas.

O ecossistema, porém, não estaria completo se continuássemos dependendo exclusivamente de anúncios para atrair novas pessoas. Foi quando percebemos que, se nossa missão era democratizar o acesso ao conhecimento, também deveríamos atuar no campo da veiculação de informação de qualidade. Decidimos, então, criar um núcleo jornalístico independente, capaz de produzir conteúdos informativos gratuitos, relevantes e sem anúncios, alimentando ainda mais nosso ecossistema e ampliando o alcance da nossa comunidade.

Se funcionasse, teríamos um modelo único: um ecossistema de conhecimento e informação, financiado pela própria comunidade, sem depender de publicidade e, portanto, totalmente independente.

O resultado foi extraordinário. O **ICL**, que hoje possui uma ampla grade de programas e conteúdos, foi apontado, na principal pesquisa *Como o brasileiro se informa?*, feita pela Fundamento Análises e pela ANER, em 2024, como a fonte de notícias mais confiável do Brasil. Em 2023, nossos programas jornalísticos alcançaram mais de **160 milhões de visualizações no YouTube** e mais de **600 milhões de impressões no Instagram**. O ICL se consolidou como líder de audiência nas manhãs da internet brasileira, e a base de assinantes de nossos cursos cresceu junto com essa audiência.

Ao final de 2023, o ICL contava com quase **50 mil assinantes**, além de 25 mil bolsistas integrais – uma proporção sem precedentes entre instituições privadas sem financiamento externo. No caso do **Investidor Mestre**, inicialmente oferecemos planos vitalícios para os alunos. No entanto, com o crescimento do curso e a inclusão de conteúdos atualizados, relatórios diários e aulas ao vivo, adotamos um modelo de **assinatura anual** a partir de 2021. Esse ajuste garantiu a sustentabilidade do projeto, sem prejudicar os alunos vitalícios, que continuaram com acesso permanente.

Esse compromisso de honrar o que foi prometido é algo fundamental. Se você está empreendendo, saiba que seu maior patrimônio será sempre sua credibilidade. Nada vale mais do que a confiança do público. Se você for fiel aos seus princípios e ao que promete, esse será seu maior ativo.

Sempre existirão aqueles que discordam do que você faz ou acredita – e está tudo bem. O importante é que, mesmo esses críticos, respeitem sua integridade e coerência. Mas, se seu discurso for apenas fachada, se tenta vender um propósito fictício para disfarçar uma busca exclusiva por lucro, cedo ou tarde a verdade virá à tona.

92 | O guia definitivo para empreender com sucesso

O ICL cresceu porque reinvestimos quase tudo o que ganhamos no próprio projeto. Desde o início, nossa meta nunca foi criar um negócio para enriquecer seus donos, mas sim construir uma plataforma que pudesse promover uma verdadeira revolução por meio do conhecimento acessível. E para isso, claro, precisávamos garantir resultados financeiros saudáveis, mas sempre alinhados a esse propósito maior.

Você se lembra do conceito de *good money* e *bad money*, apresentado no capítulo anterior? O ICL é um exemplo de uma empresa que escolheu o caminho do *good money*. Todo resultado alcançado era reinvestido no crescimento da própria empresa, sempre com responsabilidade e sem recorrer a dívidas. Uma estratégia conservadora, mas consistente e sólida.

Hoje, somos uma empresa com quase 300 pessoas trabalhando direta ou indiretamente. Em 2024, expandimos nossa atuação para a produção de documentários e webséries, ampliamos a grade de programas e criamos novos formatos de cursos. Também investimos no aprimoramento da nossa plataforma digital de maneira contínua.

Um exemplo desse investimento foi o lançamento, em 2024, do curso **Empreendedor Mestre**, voltado para o empreendedorismo. Criamos ainda uma estrutura para ampliar nossa presença em outros meios, como TV e rádio, e para apoiar canais progressistas, oferecendo nossa plataforma como espaço para que eles também possam expandir seu alcance. E seguimos fiéis ao nosso maior compromisso: a **verdade**.

O ICL se sustenta sobre quatro compromissos fundamentais:

1. **Manter a independência em relação a partidos políticos e projetos pessoais de poder.** Todas as pessoas que trabalham no ICL desfrutam dessa mesma independência.

2. **Ser um espaço de crítica e denúncia constante.** Fazer críticas ao sistema político, aos bancos, às corretoras e ao modelo desigual do capitalismo – sempre com transparência. As pessoas podem até discordar do mérito de algumas críticas, mas sabem que nossa razão de existir é essa: fomentar o debate e expor injustiças.

3. **Enfrentar as desigualdades.** Este é o propósito central.

4. **Democratizar o acesso ao conhecimento.** Mais do que um objetivo, é a missão diária da empresa.

Essa é a história de sucesso do ICL.

Mas, como mencionei antes, tão importante quanto aprender com histórias de sucesso é aprender com os casos de fracasso. Existe uma frase motivacional que diz que o fracasso é apenas o sucesso em andamento. Como já mencionei, gosto de pensar que somos a soma de todos os erros que cometemos ao longo da vida. Por isso, quero compartilhar dois casos de projetos que idealizei e que não prosperaram, mas que me trouxeram aprendizados valiosos e dialogam diretamente com os conceitos abordados no primeiro capítulo.

Muita gente tem receio de compartilhar suas ideias, com medo de que sejam copiadas. Eu não tenho esse problema. Não tenho nenhuma hesitação em contar de cabo a rabo como o ICL funciona, no que acreditamos, como operamos e até como

94 | O guia definitivo para empreender com sucesso

construímos nosso "lago". Tudo está aqui, sem segredos. Meu desejo é que surjam outros 100 ou 200 ICLs, porque uma revolução não é feita por uma só pessoa ou organização. Como diz meu amigo **Gog Poeta**, mestre do rap nacional: **"Revolução de um só é vaidade."** É o mesmo espírito do ditado popular: **"Uma andorinha só não faz verão."**

É importante destacar, no entanto, que construir e manter um projeto como o ICL é incrivelmente trabalhoso e desafiador. Por isso, como destaquei em um capítulo anterior, discordo da máxima que diz que **ter uma boa ideia é fácil e difícil é colocá-la em prática**. Para mim, o mais difícil não é nem ter a ideia, nem colocá-la de pé – é **mantê-la de pé**, funcionando e crescendo de forma sustentável.

Vou compartilhar agora dois exemplos de ideias que considero brilhantes, que chegaram a sair do papel, mas que não consegui manter funcionando.

Poucos conhecem essas histórias, o que é uma pena, porque elas trazem lições valiosas. Com este livro, espero que elas cheguem a muitas empreendedoras e empreendedores.

O primeiro caso é o do **PiggyPeg**, um aplicativo que criei e que chegou a ganhar vários prêmios – mas que, no fim, não deu certo. O **PiggyPeg** era um app que recompensava usuários com dinheiro real toda vez que visitassem lojas físicas e escaneassem códigos exibidos em totens dentro dessas lojas. Um dos prêmios que recebemos foi o de **Startup do Ano de 2015**, concedido pelo **LIDE**, do empresário João Doria.

Naquele momento, era uma época de euforia no mercado de startups, com investidores comprando empresas emergentes por centenas de milhões de dólares. Eu acreditava que o **PiggyPeg** poderia ser um desses casos de sucesso.

A ideia surgiu da minha reflexão sobre como a propaganda tradicional funciona. Quando você vê um comercial de cerveja ou de uma rede de lojas na TV, a marca pagou caro para estar ali. Esse custo publicitário é repassado para o preço do produto. No fim das contas, quem paga pela propaganda é você, consumidor. Eu queria mudar essa lógica.

No **PiggyPeg**, em vez de pagar um canal de TV para exibir anúncios, a marca pagaria diretamente aos clientes que entrassem na loja física. O cliente acessava o aplicativo, via no mapa quais lojas participavam da promoção, ia até a loja e escaneava um QR Code dinâmico em um totem, ganhando, por exemplo, R$ 1. Esse QR Code mudava após a leitura, impedindo fraudes como o compartilhamento por WhatsApp para que outros pudessem escanear sem estar na loja.

Para as empresas, o custo era muito mais eficiente: em vez de gastar R$ 50 mil em uma campanha na TV sem garantia de resultado, elas pagavam apenas pelos clientes que efetivamente entrassem na loja. Se 50 pessoas entrassem, o custo seria apenas de R$ 50 caso o prêmio por visita fosse de R$ 1. Uma revolução para o marketing físico.

A ideia era genial, e não sou eu quem está falando isso, dezenas de reportagens diziam. Mas por que então não deu certo?

Porque erramos na precificação da nossa comissão. Cobramos apenas **10%** sobre os valores pagos às pessoas pelas empresas. Ou seja, para cada real distribuído aos usuários, recebíamos apenas R$ 0,10 – sim, apenas dez centavos. Essa margem era insuficiente

96 | O guia definitivo para empreender com sucesso

para cobrir nossos próprios custos, como a fabricação e manutenção dos totens nas lojas. Pior: esse modelo foi definido logo no início, e corrigir uma precificação mal calibrada depois que a empresa já está rodando é quase impossível.

Apesar do alto engajamento e de termos ganhado prêmios importantes, o fluxo de receita nunca foi suficiente para sustentar a operação. Perdemos o timing e não conseguimos viabilizar um ajuste antes que o caixa secasse.

Ainda assim, o **PiggyPeg** me ensinou lições valiosas. Conheci pessoas-chave do mundo digital, aprendi como funciona o desenvolvimento de um aplicativo, entendi a regulamentação de serviços de pagamento, estudei o que é necessário para abrir um banco digital e ampliei muito minha visão sobre o ecossistema de startups. Todo esse aprendizado ficou comigo – foi incorporado ao meu "jogo da memória", como mencionei antes.

Mas, por incrível que pareça, o **PiggyPeg** não foi o meu "fracasso favorito".

Meu "fracasso favorito" aconteceu muitos anos antes, em **2000**, quando eu tinha apenas 24 anos. Na época, vivia intensamente a fase das baladas e paqueras, ao mesmo tempo que as **salas de bate-papo** dos grandes portais estavam em alta na internet. Esses chats eram espaços onde usuários escolhiam um nome (ou apelido) e conversavam em tempo real. Ao lado de cada mensagem, aparecia o nome do remetente.

Foi naquela época que tive uma ideia inovadora – algo completamente inédito para o ano 2000: transformar cada nome das salas de bate-papo em um link clicável. Ao clicar, o usuário seria direcionado para a uma página com o perfil daquela pessoa, onde poderia publicar mensagens e compartilhar informações, além de conhecer as características da pessoa. Hoje parece algo trivial, mas no início dos anos 2000 era uma revolução em potencial.

A tecnologia, no entanto, era uma barreira significativa. Não havia smartphones, as fotos digitais eram pesadas e de baixa qualidade, e o processo de upload era bastante precário. Para contornar essa limitação, contratamos cartunistas para criar ilustrações de diferentes formatos de rosto, tipos de cabelo, olhos e bocas. Com isso, cada usuário poderia montar seu próprio **avatar**, personalizando sua identidade virtual em seu perfil.

Além da equipe de design, contratamos programadores para construir o sistema de links e perfis e investimos em marketing para promover o site, que batizamos de **azaracao.com.br**. Escolhemos o Dia dos Namorados para o lançamento oficial, em 12 de junho de 2000, e o resultado inicial foi impressionante: mais de 1,5 milhão de acessos logo no primeiro dia.

Mas foi aí que o sonho começou a ruir. O sistema não estava preparado para suportar o volume de acessos e apresentou uma série de falhas. Os links não funcionavam, as mensagens saíam fora de ordem, e os avatares apareciam completamente bagunçados – óculos no lugar da boca, bigodes no topo da cabeça. Era um caos. A tecnologia da época simplesmente não era capaz de suportar o conceito inovador que havíamos imaginado.

Tínhamos uma proposta ousada e criativa, mas a execução falhou. Mesmo assim, guardo até hoje o registro da marca azaracao. com.br, pago em 14 de junho de 2000, e as fotos do lançamento, com meus sócios e eu brindando com champanhe, cheios de

98 | O guia definitivo para empreender com sucesso

entusiasmo e convicção de que estávamos criando algo realmente disruptivo.

E, de fato, estávamos. Mas uma boa ideia, por si só, não é suficiente. O lançamento foi um sucesso em termos de audiência, mas o sistema instável inviabilizou a continuidade do projeto. Contratamos alguns dos melhores alunos de programação da PUC-Rio para desenvolver a plataforma, mas a carga de acessos, combinada com as limitações técnicas da época e com as falhas cometidas por nossa equipe, derrubaram o sistema.

Três anos e meio depois, em 4 de fevereiro de 2004, foi lançado o **Facebook**, funcionando de maneira incrivelmente parecida com o que idealizamos para o azaracao.com.br: perfis personalizados, possibilidade de troca de mensagens, postagens públicas e interação entre usuários. A diferença é que, em 2004, a tecnologia já havia avançado, permitindo o upload de fotos com mais facilidade, e a equipe de desenvolvimento do Facebook conseguiu entregar um sistema estável, capaz de suportar crescimento exponencial.

Não estou sugerindo que o Facebook copiou nossa ideia. São processos distintos, em contextos diferentes. Mas é impossível não notar as similaridades – e o quanto estivemos próximos de criar algo gigantesco antes mesmo da maior rede social do mundo. O Facebook foi uma evolução natural de algo que imaginamos lá atrás, mas que não tivemos capacidade de executar com perfeição.

Tudo isso está registrado: o domínio, as fotos do lançamento, os contratos e até as matérias que saíram na imprensa sobre o evento de estreia, realizado na maior casa noturna do Rio

Estudos de caso | **99**

de Janeiro, com presença de artistas e celebridades. Tentamos, após os problemas técnicos, transformar o site em um portal de conteúdo, mas nessa área já existia muita concorrência e não possuíamos diferencial competitivo relevante. Acabamos encerrando as operações – e ficou apenas a história.

Mas essa é uma das histórias das quais mais me orgulho.

Sim, me orgulho e me emociono ao lembrar daquele grupo de jovens, cheios de energia e criatividade, trabalhando sem parar para transformar aquela ideia em realidade. Fico arrepiado ao lembrar da empolgação, da sensação de estar criando algo novo, de desbravar um território inexplorado.

Você pode estar se perguntando: **Se o sistema tivesse funcionado, vocês teriam criado o Facebook?**

A resposta honesta é: não sei. O contexto em que o Facebook nasceu – uma universidade americana, dentro de uma atmosfera tecnológica altamente conectada – era muito diferente da realidade brasileira no ano 2000. São tantas variáveis que influenciam o sucesso de um empreendimento que é impossível afirmar com certeza. O que sei é que estávamos na direção certa, mas não conseguimos executar da forma necessária.

Divido essas histórias porque me orgulho muito delas – tanto do **azaracao.com.br** quanto do **PiggyPeg**. São ideias que não deram certo em termos comerciais, mas despertaram em mim essa inquietação criativa, essa necessidade de empreender, de construir algo novo. E, acima de tudo, elas me deram peças fundamentais para o meu **jogo da memória**.

As lições aprendidas nesses projetos – junto com tudo que vivi no **Pactual**, na **Plural**, na **Genial** e no **ICL** – formam hoje o baralho de cartas que consulto sempre que preciso encontrar uma solução criativa para algum desafio. Por isso, posso afirmar sem medo: de certa maneira, **o azaracao.com.br deu certo, assim como o PiggyPeg e todas as outras ideias que não prosperaram do jeito que eu imaginava.**

São histórias que, até hoje, eu nunca havia contado publicamente. Mas acredito que elas são extremamente valiosas para quem quer empreender e entender que o caminho do sucesso é sempre pavimentado por erros, aprendizados e reinvenções.

No próximo capítulo, vamos entrar em outro tema essencial para quem quer empreender com sucesso: **animal behavior** e **economia comportamental.** Compreender como as pessoas tomam decisões – e como podemos influenciá-las de forma ética – é uma das chaves para construir negócios sólidos e duradouros.

4.
ANIMAL BEHAVIOR E ECONOMIA COMPORTAMENTAL

No capítulo anterior, compartilhei o percurso que nos trouxe até aqui com o Instituto Conhecimento Liberta (ICL). Também mencionei alguns episódios de fracasso ao longo da minha trajetória como empreendedor e a relevância dessas experiências para o meu desenvolvimento. Um desses casos, inclusive, envolveu uma iniciativa bastante semelhante ao Facebook, que surgiu cerca de três anos e meio depois. Embora a ideia fosse promissora, o sistema operacional que desenvolvemos não funcionou. Ainda assim, considero valioso ter tentado, pois, mesmo diante do fracasso, o aprendizado adquirido foi inestimável.

Talvez você esteja se perguntando qual a conexão entre economia comportamental e comportamento animal, título deste capítulo. Explicarei o significado de ambos e por que estão relacionados dentro desse contexto.

Antes, porém, gostaria de mencionar o livro *O animal social*, de Elliot Aronson.[4] Talvez você já tenha assistido à nossa conversa no ICL com o autor. Aos 92 anos, Aronson – considerado o

---

4. Elliot Aronson com Joshua Aronson, *O animal social*, tradução de Marcello Borges, apresentação de Eduardo Moreira, São Paulo: Goya, 2023.

102 | O guia definitivo para empreender com sucesso

maior psicólogo social em atividade – nos presenteou com uma verdadeira aula durante mais de uma hora de conversa. Ela está disponível em nossa área de cursos do portal.

O animal social é uma obra extraordinária. Em diversas ocasiões, já afirmei que é o livro mais importante que li em toda a minha vida, e recomendo muito sua leitura. Não posso afirmar que seja o melhor livro que já li, mas certamente está entre eles – e, sem dúvida, é o mais transformador. Tenho convicção de que ele mudará sua forma de enxergar o mundo.

Neste livro, Elliot Aronson afirma:

> Todas as vezes que ligamos o rádio, a televisão, quando abrimos um livro, uma revista, um jornal ou entramos na internet, alguém está tentando nos "educar", nos convencer a comprar um produto, nos persuadir a votar em um candidato ou adotar uma versão do que é belo, verdadeiro ou bonito.

Sempre que somos impactados por algum tipo de comunicação, estamos sendo alvo de uma tentativa de persuasão – seja para nos convencer de uma ideia, seja para nos levar à compra de um produto, por exemplo. É justamente por isso que a leitura desse livro de Aronson se torna tão relevante para quem deseja criar ou gerir uma empresa.

Compreender o comportamento humano é uma habilidade essencial para qualquer empreendedor. Isso porque, ao desenvolver essa compreensão, não apenas é possível entender melhor

Animal behavior e economia comportamental | **103**

o comportamento dos clientes, mas também o das pessoas que trabalham na própria empresa. Dessa forma, torna-se mais fácil identificar o que cada indivíduo deseja, o que o motiva e o que o leva a atuar de forma engajada e alinhada em torno de um objetivo comum.

Minha sugestão é que você leia *O animal social* de forma gradual, mesmo que sejam apenas cinco ou dez páginas por dia. Recomendo, inclusive, o uso de um marca-texto para registrar os trechos que considerar relevantes. Confesso que gosto de sublinhar e fazer anotações diretamente no livro, registrando as reflexões e insights que surgem durante a leitura. No entanto, sei que algumas pessoas preferem preservar o livro intacto. Se esse for o seu caso, uma alternativa é fazer anotações a lápis nas margens ou manter um caderno específico para registrar suas observações.

Um dos temas que receberá destaque neste capítulo 4 é *animal behavior*, ou comportamento animal, campo de estudo conhecido também como etologia. O termo "etologia" deriva de *ethos*, que significa "hábito", e *logia*, que significa "conhecimento" ou "estudo". É importante não confundir etologia com etimologia – esta última dedicada à investigação da origem e evolução das palavras.

A etologia, por sua vez, busca compreender por que os animais desenvolvem determinados hábitos e comportamentos, analisando as razões por trás de suas ações e suas estratégias de sobrevivência. Por exemplo, por que primatas sobem em árvores em vez de nadar? Por que os golfinhos adotam determinados métodos para se alimentar? Por que emitem sons específicos?

Por que algumas espécies de animais preferem fugir enquanto outras optam por lutar?

Existem três pilares fundamentais que ajudam a explicar o comportamento animal e os fatores que moldam seus hábitos. É a partir desses pilares que conseguimos construir uma compreensão mais profunda sobre como e por que cada espécie age da forma como age.

O primeiro pilar que explica o comportamento animal é a seleção natural. O segundo é o aprendizado individual. E o terceiro é o aprendizado social, também conhecido como transmissão cultural.

De forma resumida, a seleção natural está diretamente ligada à sobrevivência dos mais aptos – ou seja, aqueles cujas características e cujos comportamentos aumentam suas chances de sobrevivência e cuja reprodução tende a passar esses traços adiante.

O aprendizado individual corresponde ao conjunto de conhecimentos adquiridos ao longo da vida por meio das experiências e vivências de cada indivíduo. Já o aprendizado social ocorre entre indivíduos de uma mesma espécie, sendo transmitido de uma geração a outra. Trata-se daquilo que aprendemos a partir da observação e interação com outros.

Gostaria de indicar aqui alguns autores e obras fundamentais para quem deseja se aprofundar no estudo do comportamento animal. São livros amplamente adotados nas principais universidades do mundo, embora alguns ainda não tenham sido traduzidos para o português. Entre os principais autores desse campo estão John Alcock, David McFarland e Lee Alan Dugatkin. Há também compêndios de artigos igualmente valiosos, como *Exploring Animal Behavior* [Explorando o comportamento animal], uma coletânea organizada por John Alcock, que reúne textos de diversos especialistas da área.[5]

Neste ponto, talvez você esteja se perguntando o que define aprendizado, especialmente após a menção ao aprendizado individual e ao aprendizado social ou cultural. Para esclarecer, recorro à definição da etóloga Sara Shettleworth, que descreve aprendizado como uma "mudança relativamente permanente de comportamento gerada por alguma experiência".

---

5. Paul W. Sherman e John Alcock (orgs.), *Exploring Animal Behavior: Readings from American Scientist*, Massachusetts: Sinauer Associates, 2014.

> **Definição etológica de aprendizado**
>
> Mudança relativamente permanente de comportamento gerada por alguma experiência.
>
>

Vale destacar que a noção de "*mudança relativamente permanente*" foi incorporada mais tarde à definição original de aprendizado. Inicialmente, aprendizado era definido apenas como "uma mudança de comportamento gerada por alguma experiência". Com o tempo, pesquisadores perceberam que certos hábitos podem ser modificados durante um período, mas depois abandonados. No entanto, quando uma mudança se mantém por um período longo o suficiente, mesmo que seja abandonada, considera-se como aprendizado.

Retomemos, então, os três pilares que a etologia identifica como os principais responsáveis por moldar nossos comportamentos e hábitos.

Como já mencionado, o primeiro pilar é a **seleção natural**, conceito introduzido por Charles Darwin em sua obra mais conhecida, *A origem das espécies*. Nas primeiras quatro edições do livro, Darwin utilizou exclusivamente a expressão "seleção natural". Foi apenas na quinta edição, publicada em 1869, que ele incluiu no capítulo 4 o termo "a sobrevivência dos mais aptos".

Com essa nova formulação, Darwin queria enfatizar que os indivíduos mais aptos são aqueles mais bem adaptados às

Animal behavior e economia comportamental | **107**

condições específicas do ambiente em que vivem. Isso é um ponto fundamental: "mais aptos" não significa, de forma absoluta, os melhores ou mais fortes em qualquer contexto, mas sim aqueles cujas características conferem vantagens **imediatas** no ambiente particular em que se encontram.

Essa distinção é crucial porque, frequentemente, temos a tendência de pensar que uma característica específica é, por natureza, superior a outra. No entanto, o valor adaptativo de uma característica depende diretamente das condições ambientais do local e do momento. Em períodos de temperaturas extremas, de seca prolongada, ou de abundância ou escassez de alimentos, diferentes atributos podem se transformar em vantagens ou desvantagens. Assim, os indivíduos mais aptos para aquele cenário específico são os que terão maior probabilidade de sobreviver e transmitir seus genes às gerações seguintes, dando continuidade ao processo evolutivo.

É importante frisar: a seleção natural não é a sobrevivência do mais forte, mas sim do mais apto – aquele cuja combinação de características é mais adequada às condições locais e imediatas. Esse é o primeiro e mais básico filtro que seleciona quais comportamentos e traços permanecerão e quais tendem a desaparecer. A seleção natural age como uma grande peneira, permitindo a passagem apenas daqueles que possuem as características mais compatíveis com o ambiente e as circunstâncias do momento.

O segundo pilar é o **aprendizado individual**, um processo contínuo pelo qual cada indivíduo passa ao longo da vida, aprendendo por meio de tentativa e erro. Para ilustrar, podemos imaginar um rato colocado em um labirinto. No início, ele não

108 | O guia definitivo para empreender com sucesso

tem qualquer indicação sobre qual caminho seguir. Cada tentativa – bem-sucedida ou não – contribui para seu aprendizado. Ao errar, ele ajusta suas escolhas; ao acertar, reforça o caminho correto. Esse ciclo de erros e acertos permite que, gradualmente, ele encontre a saída.

O aprendizado individual é, portanto, a construção do conhecimento acumulado ao longo da vida, fruto direto das experiências vividas. Dentro desse pilar, há três aspectos essenciais que merecem destaque:

Aprendizado individual

- Estímulo apetitivo × aversivo
- Sensibilização × habituação
- Condicionamento excitatório × inibitório

O primeiro conceito fundamental no aprendizado individual é o de **estímulo apetitivo ou aversivo**. Um estímulo apetitivo está relacionado a uma recompensa, ou seja, o aprendizado ocorre por meio de uma experiência positiva. Um exemplo clássico é o de um cachorro que, ao executar corretamente um comando, recebe um bifinho. Esse reforço positivo incentiva o animal a repetir a ação.

No caso do rato no labirinto, quando ele encontra uma passagem para um espaço mais amplo e menos confinado, essa descoberta funciona como um estímulo apetitivo, pois o leva a associar aquele caminho a uma experiência positiva, que vale a pena repetir.

Animal behavior e economia comportamental | **109**

Por outro lado, existe o **estímulo aversivo**, que se refere a uma experiência negativa ou desagradável. Isso não implica a necessidade de uma punição imposta por outra pessoa, muito menos uma punição violenta. No entanto, atos violentos, quando ocorrem, são naturalmente interpretados como estímulos aversivos por quem os sofre.

Um exemplo cotidiano é a forma como reagimos ao som de trovões. Se uma pessoa ouve trovões, sai de casa e acaba se molhando na chuva, então passa a associar o som à chuva. Se a chuva for uma experiência indesejada, no futuro ela tenderá a evitar sair quando ouvir trovões, ou se preparará levando um guarda-chuva. Nesse caso, a chuva representa um estímulo aversivo.

É importante compreender que tanto os estímulos apetitivos quanto os aversivos são mecanismos de aprendizado. Não há, entre eles, um "bom" e um "ruim". O estímulo apetitivo ensina por meio do prazer; o aversivo, por meio do desconforto. Ambos, no entanto, cumprem a mesma função de promover o aprendizado.

Um exemplo bastante conhecido é o do uso do apito canino em treinamentos. Sem entrar no mérito da sua eficácia ou ética – o que não é o foco aqui –, o fato é que alguns treinadores ensinam cães com recompensas, como biscoitos, enquanto outros utilizam estímulos aversivos, como sons incômodos. Um reforço positivo incentiva a repetição de um comportamento desejado; um estímulo desagradável desencoraja comportamentos indesejados. Como vimos no caso do trovão. Ao ouvir o som e associá-lo à chuva, a pessoa aprende a se precaver. O estímulo é aversivo, já que a chuva foi incômoda, mas o aprendizado adquirido é valioso, pois evita desconfortos futuros. Portanto, o

110 | O guia definitivo para empreender com sucesso

essencial não é classificar os estímulos como bons ou ruins, mas entender que eles operam por mecanismos diferentes: o prazer ou o desconforto.

Além desses conceitos, outros dois são importantes: **sensibilização** e **habituação**. Eles descrevem como reagimos quando somos expostos repetidamente a um mesmo estímulo.

Quando um estímulo é aplicado de forma consistente, a resposta do indivíduo pode seguir dois caminhos opostos. Ele pode se **tornar cada vez mais sensível** a esse estímulo, ou seja, reagir com maior intensidade a cada nova exposição. Ou, ao contrário, pode se **habituar**, ou seja, gradualmente deixar de reagir àquele estímulo, passando a considerá-lo irrelevante.

Compreender a diferença entre esses processos é fundamental para quem deseja influenciar o comportamento de pessoas – algo essencial em áreas como marketing, educação e gestão.

Para ilustrar a sensibilização, imagine alguém montando um cavalo. O objetivo de um bom treinamento é que, ao menor comando, o cavalo responda adequadamente, sem a necessidade de ações bruscas ou dolorosas. Se o animal for sensibilizado de maneira correta, um leve puxar da rédea será suficiente para orientá-lo. Quanto mais sensível, menor será a força necessária. No entanto, se o cavalo for constantemente exposto a comandos excessivos, pode acabar se habituando à força e ignorando comandos mais sutis. Nesse caso, a resposta ao estímulo diminui – um claro exemplo de habituação.

Esse mesmo fenômeno ocorre na educação de crianças. Idealmente, os pais querem que seus filhos respondam a orientações simples, sem a necessidade de broncas severas. Se uma criança passa a ignorar advertências leves, os pais tendem a aumentar o tom, escalando para repreensões mais duras – e, eventualmente, até comportamentos agressivos. Isso ilustra o risco de permitir que a habituação tome o lugar da sensibilização.

Por outro lado, há situações em que o objetivo é justamente promover a **habituação**, para que o indivíduo deixe de reagir a estímulos irrelevantes. Um exemplo clássico, também envolvendo cavalos, é o treinamento de animais que se assustam facilmente com barulhos. Nesse caso, o ideal é expor o animal a sons de maneira gradual e controlada. Um rádio pode ser deixado tocando em volume muito baixo perto da baia ou piquete e, dia após dia, o volume é aumentado levemente. O som do rádio, variando entre músicas, vozes e silêncios, ajuda o cavalo a se acostumar com diferentes ruídos, reduzindo seu medo e evitando reações perigosas.

Um último conceito fundamental é a diferença entre **condicionamento excitatório** e **condicionamento inibitório**. Esses mecanismos explicam como estimular ou suprimir determinados comportamentos.

O **condicionamento excitatório** ocorre quando um estímulo é usado para **provocar** uma resposta – ou seja, incentivar a adoção de um novo comportamento. Já o **condicionamento inibitório** tem o objetivo oposto: o estímulo é aplicado para **desencorajar** ou interromper um comportamento existente.

Todos esses processos são estudados dentro da etologia, que investiga como os animais aprendem, tanto por meio de suas próprias experiências quanto por observação e interação com outros membros da mesma espécie.

112 | O guia definitivo para empreender com sucesso

Histórias sobre animais que pressentem tsunamis são um exemplo curioso desse aprendizado. Há diversas teorias para explicar esse fenômeno, mas uma das hipóteses mais aceitas é que esses animais, ao longo de muitas gerações, aprenderam a associar certos sinais naturais – como o recuo abrupto das águas ou sons específicos – a situações de perigo. Esse comportamento, adquirido por meio da seleção natural, do aprendizado individual e da transmissão cultural, foi preservado e transmitido.

Como já adiantei, além do aprendizado individual, existe o **aprendizado social**, também conhecido como **transmissão cultural** – um aspecto que diferencia profundamente os seres humanos de outras espécies de animais. Aprendemos não apenas com nossas próprias vivências, mas também com o conhecimento acumulado pelas gerações anteriores e por outros indivíduos. Isso nos permite começar a vida a partir de um ponto muito mais avançado do que aquele em que nossos antepassados começaram em termos de conhecimento, uma vantagem evolutiva imensa.

Em vez de partir do zero (ou quase do zero), como ocorre com a maioria das espécies, nossa capacidade de registrar e transmitir conhecimento permite que cada geração herde e amplie o legado da anterior. Embora ainda não seja possível – feliz ou infelizmente – fazer um "upload" direto de todo o conhecimento da humanidade em um recém-nascido, nossa capacidade de aprendizado contínuo ao longo da vida garante essa transmissão de forma eficiente.

Animal behavior e economia comportamental | **113**

Embora outras espécies também apresentem alguma forma de transmissão cultural, ela ocorre em uma escala muito menor. Em todas as espécies, incluindo a nossa, a **imitação** é o principal mecanismo de aprendizado cultural. Filhotes aprendem observando e copiando o comportamento dos adultos, mesmo em espécies consideradas menos sofisticadas cognitivamente.

Nos seres humanos, a imitação tem um papel ainda mais central. Aprendemos a falar, a nos comportar e até a pensar a partir da observação e da imitação de pais, professores, amigos e colegas. É nesse contexto que surge a famosa frase atribuída a Jim Rohn: "Você é a média das cinco pessoas com quem mais convive." Parte do que dá sentido a essa frase é justamente o fato de imitarmos, consciente ou inconscientemente, aqueles com quem passamos mais tempo.

Com isso, revisamos alguns conceitos essenciais da etologia, um tema pelo qual tenho grande paixão e que recomendo muitíssimo que você explore com profundidade.

Esse conhecimento dialoga com outra área igualmente fascinante: a **economia comportamental**, ciência dedicada a entender como tomamos decisões e como os mercados se comportam. Um dos conceitos centrais dessa área de estudos é o da **conformidade**.

A conformidade se refere à tendência de agir de acordo com um padrão estabelecido por um grupo. Ela explica por que tendemos a nos comportar de maneira semelhante às pessoas ao nosso redor e por que novos hábitos emergem a partir da repetição e observação mútua.

114 | O guia definitivo para empreender com sucesso

> **Conformidade:**
>
> Mudança no comportamento de uma pessoa como resultado de uma pressão real ou <u>imaginária</u> de um grupo maior ("efeito manada", "gado" etc.).

Este comportamento social surge, em grande parte, de nossa natureza como animais sociais – e é exatamente por isso que o livro de Elliot Aronson se chama *O animal social*. Como seres humanos, somos biologicamente programados para viver em grupos, interagir com nossos semelhantes e buscar aceitação social. Esse impulso de pertencimento gera uma constante pressão para agir de forma semelhante aos demais, de modo a garantir a aprovação e a inclusão no grupo.

Essa pressão pode, de fato, ser real – ou seja, o grupo pode realmente esperar que você adote certos comportamentos para ser aceito. Porém, muitas vezes, essa percepção é apenas imaginada. Mesmo sem uma cobrança explícita, você pode interpretar que existe uma expectativa social e, com base nisso, ajustar suas ações para se alinhar ao que acredita ser esperado. Esse fenômeno é conhecido como efeito manada, no qual indivíduos passam a agir coletivamente de forma homogênea, muitas vezes sem reflexão crítica, apenas por perceberem que todos ao redor agem da mesma maneira.

Esse tipo de comportamento coletivo, em que pessoas seguem o grupo de forma aparentemente irracional, é o que leva à expressão popular "agir como gado". Elas não tomam decisões

Animal behavior e economia comportamental | **115**

independentes, mas sim ajustam suas escolhas ao que acreditam ser necessário para não destoar do grupo. Para um ser social, como nós, ser excluído ou rejeitado pelo grupo representa um risco que o cérebro interpreta como potencialmente perigoso – um perigo ancestral, associado à sobrevivência da espécie.

Talvez, ao chegar até aqui, você esteja se perguntando por que estamos nos aprofundando tanto nesse tema, quando esperava um conteúdo mais diretamente ligado ao empreendedorismo. No entanto, compreender esse mecanismo psicológico é essencial para quem deseja criar ou expandir um negócio. Muitas das maiores empresas do mundo conseguiram posicionar seus produtos dentro desse mecanismo de conformidade social.

Pense, por exemplo, em por que você utiliza o Google como mecanismo de busca. Talvez sua resposta imediata seja: "Porque é o melhor." E, de fato, é possível que seja. Mas há uma boa chance de você nunca ter testado outras opções. Nesse caso, sua escolha não é baseada em uma comparação real, mas sim em uma inferência: se todos usam, deve ser a melhor alternativa. Em outro nível, você pode até temer que, caso opte por algo diferente, possa ser visto como alguém estranho ou antiquado.

Esses mecanismos de conformidade moldam não apenas comportamentos individuais, mas também hábitos de consumo em larga escala. E é justamente por isso que entender esse conceito é tão valioso para qualquer empreendedor.

116 | O guia definitivo para empreender com sucesso

> **O que influencia a conformidade:**
>
> - Unanimidade: aumenta a aptidão à conformidade (a importância do dissenso);
> - Comprometimento pessoal: diminui a conformidade (firmar compromissos);
> - *Accountability*: diminui a conformidade (explicar por que tomou a decisão);
> - Autoestima, segurança: diminui a conformidade.

Podemos observar a influência da conformidade em situações cotidianas, como a forma que nos vestimos para uma entrevista de emprego. Normalmente, buscamos nos ajustar à imagem que acreditamos ser esperada para aquela função. Procuramos parecer o candidato ideal, segundo o estereótipo que temos em mente. Afinal, ninguém quer ser visto como um ponto fora da curva. No entanto, é importante lembrar que, em muitos casos, o próprio recrutador pode estar justamente em busca de alguém que se destaque do perfil comum – o que significa que essa pressão para se adequar pode ser apenas uma construção mental criada por nós mesmos.

É natural sentir essa pressão para agir de acordo com a maioria. Esse impulso tem raízes profundas em nossa biologia. Como já vimos, a chance de sobrevivência sempre foi maior em grupo – e a seleção natural nos moldou para buscar essa segurança coletiva.

Costumo dizer que os seres humanos não são os animais mais rápidos, nem os mais fortes, tampouco os que sobem melhor em

Animal behavior e economia comportamental | 117

árvores ou melhor nadam nos oceanos. Nosso verdadeiro diferencial evolutivo é a capacidade de nos organizar e nos articular em grupos. Ao longo desse processo, também desenvolvemos nossa capacidade cognitiva – nossa inteligência. Aliás, a palavra "inteligência" vem do latim *interlegere*, que significa "escolher entre várias opções". Nossa maior vantagem é justamente esta: somos capazes de analisar diferentes alternativas, selecionar a mais adequada e transmitir esse conhecimento para as gerações futuras.

Mas essa habilidade de escolha nem sempre funciona da maneira ideal. Em diversas ocasiões, não avaliamos todas as opções possíveis. Em vez disso, limitamos nossas escolhas àquela que nos parece garantir maior pertencimento ao grupo. Esse efeito de conformidade, quando exagerado, dá origem ao ***groupthink***, ou pensamento de grupo.

O pensamento de grupo ocorre quando um coletivo passa a agir de forma homogênea, sem espaço para questionamentos ou pontos de vista divergentes. Isso é especialmente comum dentro de empresas, onde muitas vezes o desejo de agradar ou de se alinhar à liderança leva à supressão de críticas e ao reforço de ideias dominantes. Esse fenômeno é perigoso porque pode cegar a organização para riscos reais. Em governos e partidos políticos, essa dinâmica também é frequente: assessores evitam contrariar lideranças e criam bolhas em que os líderes só ouvem aquilo que desejam ouvir, ficando alheios à realidade.

Aprender a lidar com críticas é uma habilidade essencial ao longo da vida. Poucas pessoas dominam essa capacidade – é quase uma virtude espiritual. Embora receber críticas possa ser desconfortável, elas são fundamentais para a construção de uma

118 | O guia definitivo para empreender com sucesso

empresa saudável. Criar um ambiente onde o dissenso é permitido, e não apenas o consenso, é indispensável. Um consenso construído em um espaço aberto a diferentes opiniões tem muito mais valor do que aquele imposto pela ausência de discordância.

Antes de aprofundarmos o tema da conformidade, é importante retornar à sua origem biológica: a seleção natural. Um exemplo clássico para ilustrar esse mecanismo é o comportamento de uma manada de búfalos. Imagine um búfalo pastando sob uma árvore frutífera. De repente, uma fruta cai sobre ele, que, assustado, sai correndo. Outros búfalos próximos veem o movimento e, interpretando-o como um sinal de perigo, também correm. Esse comportamento em cadeia se espalha, até que toda a manada esteja em fuga.

Agora, imagine-se como um búfalo que faz parte dessa manada e está testemunhando essa situação. Você observa a manada correndo em sua direção e tem duas opções: permanecer parado ou correr com os demais. Ambas as escolhas apresentam riscos. Se você corre junto, pode estar fugindo de um perigo inexistente – desperdiçando energia à toa. Por outro lado, se permanece parado e o perigo for real, como a aproximação de um predador, sua vida estará em risco. Entender essa assimetria de risco é fundamental. Correr desnecessariamente significa apenas cansaço. Ficar parado diante de um perigo real pode significar a morte. Diante dessa assimetria, a decisão mais segura é seguir a manada.

O ponto central aqui é que agir em conformidade com o grupo não é, por si só, um erro. O perigo surge quando essa reação se torna puramente automática e impulsiva, sem espaço para reflexão crítica ou para o questionamento individual. Em qualquer

Animal behavior e economia comportamental | 119

organização ou contexto social, é essencial criar mecanismos que permitam discordâncias construtivas e a análise independente de cada situação.

Outro fator crucial para entender nossa tendência à conformidade é a ideia de **unanimidade**. Quando todos em um grupo expressam a mesma opinião, torna-se muito difícil para alguém recém-chegado discordar ou propor uma visão alternativa. Esse fenômeno foi explorado em um experimento clássico descrito em O *animal social* e vários outros livros sobre psicologia social.

Nesse experimento, um grupo de atores é reunido e instruído a dar respostas erradas para perguntas simples. Uma pessoa real, que não sabe que os demais são atores, é então inserida no grupo, acreditando que todos são participantes comuns. Em determinado momento, todos os atores afirmam que três linhas de tamanhos claramente diferentes têm o mesmo tamanho. No início, o participante real demonstra estranhamento, mas, ao perceber a unanimidade do grupo, tende a concordar com a afirmação absurda, mesmo sabendo que é falsa.

No entanto, o experimento revelou algo ainda mais interessante: basta que um único ator se oponha à unanimidade para que a maioria dos participantes reais passe a confiar em seus próprios julgamentos e rejeite a opinião equivocada da maioria. Ou seja, romper a unanimidade abre espaço para que as pessoas expressem o que realmente pensam.

Outro fator que influencia a conformidade é o **comprometimento pessoal**. Quando uma pessoa se compromete publicamente com uma decisão ou postura, ela tende a se proteger melhor contra a pressão do grupo para agir em conformidade.

120 | O guia definitivo para empreender com sucesso

Isso ocorre, por exemplo, em programas como Alcoólicos ou Narcóticos Anônimos, onde os participantes declaram em voz alta diante do grupo seu compromisso de não voltar ao vício. Esse ato de assumir um posicionamento em público gera um mecanismo interno de coerência: tendemos a nos esforçar para sermos fiéis àquilo que declaramos, especialmente diante dos outros.

Esse comportamento não é apenas uma questão moral. Pesquisas sugerem que ele tem raízes evolutivas. Indivíduos que cumprem suas promessas e demonstram coerência são vistos como previsíveis e confiáveis pelo grupo. Essa previsibilidade facilita a convivência e aumenta as chances de aceitação social – um fator crítico para a sobrevivência em grupos ancestrais.

Outra estratégia eficaz, se você deseja reduzir sua própria vulnerabilidade à conformidade, é, além de declarar publicamente suas intenções, justificar sua decisão. Esse é o princípio da *accountability* ou responsabilização: explicitar suas escolhas e os motivos que o levaram a tomá-las. Isso não apenas fortalece seu compromisso pessoal, mas também protege contra a adoção automática de ideias alheias.

Esse cuidado é igualmente válido dentro de empresas. Se você percebe que um colaborador está oferecendo uma opinião apenas por achar que é a resposta que você quer ouvir, questione-o sobre os motivos reais por trás daquela opinião. Da mesma forma, sempre que estiver diante de uma decisão importante, reserve um momento para refletir e escrever suas justificativas. Esse exercício simples ajuda a revelar possíveis falhas de lógica e protege contra decisões precipitadas.

Animal behavior e economia comportamental | 121

Por fim, a **autoestima** também desempenha um papel fundamental na propensão à conformidade. Quanto mais seguros e confiantes nos sentimos, menos vulneráveis somos à pressão do grupo. Por isso, grupos extremistas e seitas tendem a atrair pessoas com baixa autoestima, que encontram nesses coletivos uma sensação de força e pertencimento que não sentem individualmente.

Se você deseja criar um ambiente onde as pessoas pensem de forma crítica e independente, é fundamental investir em sua autoestima. Isso pode ser feito por meio da transferência de conhecimento, do desenvolvimento de habilidades práticas e da criação de oportunidades para que cada indivíduo perceba, na prática, sua própria capacidade.

Compreendidos esses mecanismos, podemos agora avançar para explorar o que, afinal, nos move a agir conforme padrões e normas sociais.

O que nos move a agir segundo um padrão

- Concordância
- Identificação
- Interiorização

Há três caminhos principais que nos levam a adotar determinados comportamentos e padrões. O primeiro é a **concordância** ou *compliance*. O segundo é a **identificação**. E o terceiro, o mais poderoso de todos, é a **interiorização**, também chamada de

122 | O guia definitivo para empreender com sucesso

internalização. A força desses mecanismos cresce nessa ordem: *compliance* é o mais frágil; a identificação, mais sólida; e a interiorização é, de longe, a mais profunda e transformadora.

A **concordância** ou *compliance* acontece quando alguém age motivado por punição ou recompensa. Nesses casos, a pessoa não necessariamente acredita no que está fazendo – ela apenas segue o comportamento esperado para obter um benefício ou evitar uma punição.

Um exemplo clássico é a forma como dirigimos nas estradas. Se ultrapassarmos o limite de velocidade, seremos multados. Essa é a punição. Mas poucos motoristas são efetivamente educados para entender por que existem limites de velocidade. A maioria não é ensinada sobre os riscos reais de dirigir em alta velocidade, sobre o aumento das chances de acidentes ou sobre o impacto no sistema de saúde pública quando ocorrem colisões graves. Em geral, somos condicionados apenas a obedecer para evitar multas. O que acontece, então, quando ultrapassamos o trecho onde há um radar? Em muitos casos, aceleramos novamente. O comportamento não está ancorado em uma crença real, apenas no medo da punição ou no desejo de recompensa.

O mesmo ocorre dentro de muitas empresas. Funcionários são motivados apenas por programas de bonificações ou pelo receio de serem demitidos. Esse tipo de estímulo pode funcionar por um tempo, mas dificilmente cria lealdade verdadeira ou compromisso de longo prazo. Se uma empresa concorrente oferecer um bônus maior ou um benefício mais atraente, é muito provável que esses profissionais mudem de emprego sem hesitar.

Animal behavior e economia comportamental | **123**

O mesmo raciocínio se aplica à relação com clientes. Se alguém compra de você apenas porque sua empresa oferece um benefício específico – um desconto agressivo, por exemplo –, essa lealdade é muito frágil. Na primeira oportunidade em que outro fornecedor oferecer uma condição melhor, esse cliente simplesmente migrará. Não existe vínculo genuíno com a marca ou com o propósito da empresa.

Portanto, punição e recompensa podem ter utilidade em certos contextos, mas são mecanismos frágeis para sustentar comportamentos e criar vínculos sólidos.

O segundo caminho é a **identificação**. Aqui, a pessoa adota determinado comportamento porque quer se parecer com alguém que admira. É a força da **imitação**, conceito já abordado anteriormente dentro da etologia. A identificação acontece quando olhamos para alguém que nos inspira e desejamos replicar suas atitudes, escolhas e até seus valores.

Esse mecanismo é o que dá origem ao fenômeno dos **influenciadores digitais**, que hoje se tornaram verdadeiros profissionais da internet. Quando um influenciador compra um produto, muda a cor do cabelo, adota uma nova dieta ou defende uma posição política, há um efeito cascata: seguidores que se identificam com essa figura pública tendem a reproduzir os mesmos comportamentos.

A **identificação** é um caminho mais forte do que a simples **concordância** (*compliance*), porque envolve uma escolha pessoal. Ainda assim, trata-se de uma influência externa: a figura admirada está fora do indivíduo, e o comportamento adotado é, em grande parte, uma resposta a essa admiração.

124 | O guia definitivo para empreender com sucesso

O terceiro e mais poderoso caminho é a **interiorização** ou **internalização**. Aqui, o indivíduo age de acordo com seus próprios valores e convicções mais profundas, porque acredita com sinceridade que aquele é o caminho certo – independentemente da opinião dos outros ou de pressões externas.

Há exemplos históricos notáveis desse tipo de comportamento. Mahatma Gandhi, Malcolm X e Martin Luther King são figuras que seguiram suas convicções até o fim, mesmo cientes de que pagariam um preço altíssimo por isso – e pagaram. Sabiam dos riscos, mas a força de suas convicções era maior do que o medo. Não agiram por recompensas ou para agradar terceiros, mas porque não conseguiam agir de outra forma, tamanha a crença no que defendiam.

Trazendo essa reflexão para o universo do empreendedorismo, quando você deseja construir uma empresa com um **propósito verdadeiro**, precisa ter muito cuidado com a forma como comunica esse propósito. A palavra "propósito" foi tão banalizada nos últimos anos que, na maioria das vezes, é usada apenas como um verniz para encobrir o verdadeiro objetivo da empresa: o lucro. Não há nada de errado em buscar lucro – afinal, é o que permite a sobrevivência de qualquer negócio –, mas quando uma empresa consegue alinhar lucro e propósito genuíno, alcança um patamar raro e extremamente poderoso.

Se você consegue, de fato, oferecer algo em que as pessoas acreditam – algo com o qual se identificam e, mais do que isso, **internalizam como parte daquilo que elas mesmas são ou querem ser** –, terá construído algo extraordinário. Essa é a essência de um empreendimento verdadeiramente forte e duradouro.

Animal behavior e economia comportamental | 125

No próximo capítulo, vamos explorar os **gatilhos mentais**, técnicas, estratégias e "armas" usadas para influenciar comportamentos e gerar ações muitas vezes impulsivas. Assim como qualquer ferramenta poderosa, essas técnicas podem ser usadas para o bem ou para o mal. O primeiro passo é entender como funcionam – porque, quer você queira ou não, quem domina o poder econômico e corporativo no mundo já usa esses mecanismos de forma sistemática.

Por isso, recomendo que, entre este capítulo e o próximo, você inicie a leitura de *O animal social*. Essa obra terá um impacto profundo na sua formação como empreendedora ou empreendedor. Compreender como funcionam as dinâmicas sociais e os mecanismos psicológicos de conformidade e persuasão fará toda a diferença para o seu sucesso.

5.
ECONOMIA COMPORTAMENTAL: GATILHOS MENTAIS

Estou muito satisfeito com o caminho que percorremos até aqui, porque tenho certeza de que as informações compartilhadas podem ajudar a transformar sua vida – a profissional, sem dúvida. Quem se dedicar à leitura deste livro e das demais obras aqui recomendadas sairá com um posicionamento completamente diferente no mercado. Ao final, você será capaz de conversar com muito mais propriedade sobre diversos temas e, principalmente, terá condições de aplicar esses conceitos na prática, seja qual for o seu negócio.

Seja o seu sonho abrir uma confeitaria, uma consultoria ou uma confecção, os ensinamentos encontrados aqui servirão de base para suas decisões.

Como introdução a este capítulo, quero resgatar uma frase famosa, conhecida por muitos através do clássico da Marvel, *Homem-Aranha*: **"Com grandes poderes vêm grandes responsabilidades."** Essa citação cabe perfeitamente aqui, pois vamos explorar conceitos que concedem um enorme poder a quem os domina. E cabe a cada um de nós usá-los com responsabilidade e ética.

Não são apenas grandes empresas que se utilizam das técnicas de persuasão que apresentarei a seguir. Eleições são vencidas

128 | O guia definitivo para empreender com sucesso

com elas, ideias são disseminadas e, muitas vezes, pessoas são convencidas a seguir caminhos destrutivos. Por isso, faço questão de reforçar: use esse conhecimento para promover o bem, para construir um mundo melhor e jamais para manipular ou prejudicar. Seitas religiosas que terminaram em tragédias, por exemplo, usaram as mesmas ferramentas de persuasão que vamos estudar. Espero, sinceramente, que você utilize esse aprendizado com consciência e em favor do bem comum.

Antes de explicar o porquê do termo **gatilhos mentais**, quero compartilhar uma reflexão comum nas aulas sobre esse tema. Frequentemente, as pessoas me perguntam se essas técnicas não seriam antiéticas, se não estariam ensinando a vender a qualquer custo, sem compromisso real com o que está sendo oferecido. A resposta é: depende de como você escolhe utilizá-las.

Veja o exemplo de campanhas de vacinação. Convencer a população a se vacinar é um desafio de comunicação, especialmente em tempos marcados por *fake news* e desinformação. No Brasil, durante a pandemia de covid-19, e mesmo hoje, na campanha contra a dengue, há uma grande dificuldade em atrair pessoas para se vacinarem. Nesse contexto, os mesmos mecanismos de persuasão que podem ser usados para vender produtos são utilizados para salvar vidas. O que define o caráter ético ou antiético dessas ferramentas é o **propósito** que você imprime a elas.

Portanto, o conhecimento que você adquirirá aqui pode e deve ser utilizado para promover mudanças positivas, para divulgar produtos e serviços de qualidade, para mostrar ao público o valor real do que você oferece e como isso pode melhorar a vida dele.

Economia comportamental: gatilhos mentais | **129**

Vamos agora entender por que utilizo o termo **gatilhos mentais**.

A palavra "gatilho" remete ao mecanismo de disparo de uma arma de fogo. Quando o gatilho é puxado, se aciona uma sequência de eventos que dificilmente pode ser interrompida. É isso o que ocorre em nossa mente quando certos mecanismos de persuasão são ativados. Eles desencadeiam reações automáticas e previsíveis, moldando nossas decisões muitas vezes sem que nos demos conta. O psicólogo Robert Cialdini, referência máxima no tema, usa uma expressão semelhante: **armas de persuasão**.

Antes de apresentar o primeiro gatilho, quero sugerir três livros fundamentais sobre o assunto. O primeiro é *Previsivelmente irracional*, de Dan Arielly, que desconstrói a ideia de que somos seres puramente racionais, sempre buscando a melhor decisão.[6] Ariely demonstra que somos, na verdade, **previsivelmente irracionais**, agimos de forma pouco esperada para quem diz buscar sempre o melhor resultado, mas com padrões que podem ser compreendidos e antecipados. É uma leitura essencial.

A segunda obra é *Armas da persuasão 2.0*, de Robert Cialdini, que aprofunda seu estudo clássico sobre os princípios psicológicos por trás dos mecanismos de influência.[7] Por fim, recomendo *Irresistível*, de Adam Alter, professor premiado da Universidade de Nova York, que analisa como nos tornamos viciados em

---

6. Dan Arielly, *Previsivelmente irracional: as forças invisíveis que nos levam a tomar decisões erradas*, tradução de Ivo Korytowski, Rio de Janeiro: Sextante, 2000.

7. Roberto Cialdini, *As armas da persuasão 2.0*, tradução de Edmundo Barreiros, Rio de Janeiro: HarperCollins, 2021.

130 | O guia definitivo para empreender com sucesso

dispositivos e plataformas digitais, e como gatilhos mentais são usados para nos manter conectados o tempo todo.[8]

Com essas recomendações, vamos agora aos gatilhos propriamente ditos – começando por um dos mais utilizados tanto por empresas quanto por políticos: **a valorização de casos reais sobre estatísticas.**

Racionalmente, deveríamos confiar muito mais em estatísticas do que em exemplos isolados, pois elas oferecem uma visão ampla e consistente da realidade, baseada em dados concretos. No entanto, experimentos e pesquisas mostram que relatos individuais, mesmo que completamente isolados, têm um poder de influência muito maior sobre nossas decisões.

Em um país como o Brasil, com mais de 210 milhões de habitantes, esse mecanismo pode ser especialmente perigoso. Diante de uma população tão grande, é sempre possível encontrar um caso isolado que "comprove" qualquer tese, por mais absurda que seja. Um único exemplo é capaz de gerar a ilusão de que algo é uma regra geral.

Se um vizinho conta que teve uma péssima experiência com um determinado carro, relatando defeitos e problemas, suas chances de comprar aquele modelo despencam. Mesmo que você tenha lido avaliações positivas e análises técnicas que mostram que o veículo é confiável, o relato pessoal – carregado de emoção e proximidade – terá mais impacto. Isso ocorre mesmo sem qualquer garantia de que o relato seja verdadeiro ou representativo.

---

8. Adam Alter, *Irresistível: por que você é viciado em tecnologia e como lidar com ela*, tradução de Cássio de Arantes Leite, Rio de Janeiro: Objetiva, 2018.

Economia comportamental: gatilhos mentais | 131

Esse mesmo mecanismo é muito explorado pela mídia. Em cidades com índices de criminalidade muito baixos, basta um único crime violento ser amplamente noticiado para que toda a população passe a sentir-se insegura. Da mesma forma, um ataque isolado de tubarão pode transformar uma praia tranquila em sinônimo de perigo, apesar de as estatísticas mostrarem que o risco é praticamente inexistente.

As campanhas de *coaches* e gurus populares na internet utilizam a mesma lógica. Eles selecionam uma ou duas histórias de alunos que, de fato, prosperaram e omitem completamente os resultados da imensa maioria que não alcançou os mesmos resultados. Esses poucos casos reais são então repetidos à exaustão para induzir a crença de que o método que vendem é infalível, mesmo que os dados estatísticos (aos quais ninguém tem acesso nem busca ter) mostrem o contrário.

A lição aqui é dupla. Por um lado, entenda que **casos reais têm um poder incomparável de persuasão**. Use-os para contar a história do seu produto ou serviço, mostrando como ele transformou a vida de clientes reais. Por outro lado, mantenha-se sempre atento para não cair você mesmo nessa armadilha, atribuindo peso excessivo a relatos isolados e ignorando dados mais amplos e consistentes.

O segundo gatilho mental do qual iremos tratar é o **efeito custo zero**, explorado brilhantemente por Dan Ariely. Em um experimento famoso, estudantes podiam escolher entre um cookie gourmet vendido por poucos centavos ou um cookie de qualidade muito inferior oferecido gratuitamente. Apesar da pequena diferença de preço e da grande diferença de qualidade, a maioria escolhia o gratuito.

132 | O guia definitivo para empreender com sucesso

Esse gatilho é tão poderoso que certa vez ouvi uma brincadeira que ilustra bem seu impacto: "Sempre que você vê a palavra grátis você leva aquilo para casa, mesmo que seja um boi e não tenha onde colocá-lo." Se é de graça, bom ou ruim, útil ou desnecessário, você leva.

Esse mecanismo explica a popularidade de estratégias como "experimente grátis por um mês" ou "compre um e leve dois". Muitas vezes, o consumidor não precisa de uma segunda unidade ou nem mesmo quer aquele produto, mas o simples fato de ser gratuito ativa o gatilho e conduz à compra.

O mercado financeiro também se vale dessa estratégia. Corretoras anunciam a possibilidade de investir no Tesouro Direto sem custo de corretagem, mas a verdadeira estratégia é atrair o cliente para a plataforma e, depois, oferecer produtos com taxas elevadas ou margens maiores para a empresa.

O princípio é simples: **não existe almoço grátis.** Sempre que algo parece gratuito, é fundamental perguntar onde está o verdadeiro custo escondido. Discipline-se para identificar quando estiver fechando um negócio apenas por conta da palavra "grátis". Reflita se sua decisão é realmente racional, pois essa estratégia tende a influenciar o comportamento de forma previsível.

O terceiro gatilho mental também é muito interessante para qualquer negócio e talvez seja o mecanismo mental – e eu poderia até dizer a armadilha mental – mais perigoso para quem tem uma empresa, **o alto valor que atribuímos ao que é nosso.** Este é o momento de registrar essa ideia de forma clara e permanente. É essencial lembrar que tendemos a atribuir um valor muito maior ao que nos pertence. Esse apego pode influenciar nossas

Economia comportamental: gatilhos mentais | 133

decisões e, em muitas situações, prejudicar nossas escolhas no mundo dos negócios.

Não estou sugerindo que devemos nos desapegar completamente das coisas e tratar tudo na vida como uma mera operação comercial. Estou alertando para que você conheça e reconheça esse mecanismo para lidar com ele de maneira mais consciente.

Vamos supor que você tenha comprado um apartamento por R$ 1 milhão. É um apartamento bacana, antigo, muito espaçoso. Digamos que você seja solteiro e que esse apartamento tenha três quartos grandes. Você resolve derrubar as paredes dos quartos e transformar o espaço: cria um quarto único, uma sala integrada enorme, cozinha aberta e um jardim interno. Nessa reforma, você investe mais R$ 500 mil e o apartamento fica igual a uma daquelas casas de revista, perfeito para uma pessoa solteira.

Mas aí, seu chefe aparece e diz que precisa de alguém com seu perfil para trabalhar fora do país, e você aceita a proposta. Como precisará mudar, decide vender o apartamento. A primeira coisa que passa pela sua cabeça é que o apartamento ficou maravilhoso, que gastou uma fortuna na compra e na reforma e que agora só aceita vendê-lo por R$ 1,5 milhão, afinal, você quer pelo menos recuperar o que investiu.

O problema é que, provavelmente, o seu apartamento vale até menos do que R$ 1 milhão. Isso porque ele foi reformado com um estilo muito específico, que foge ao padrão do prédio e do bairro. Quem busca imóveis naquela região quer algo diferente do que você construiu. Só que você, por conta do seu apego, do carinho pelo projeto e pelo tempo que dedicou a cada detalhe, se recusa a vendê-lo por menos. Cada escolha, cada briga com arquiteto, cada peça exclusiva que comprou aumenta o valor

134 | O guia definitivo para empreender com sucesso

sentimental do imóvel para você. E, por causa desse apego, você não consegue vender.

No Brasil, com taxas de juros tão altas, se você ficar com o apartamento parado por três ou quatro anos, já terá perdido boa parte do valor investido no apartamento só com a perda do poder de compra do dinheiro. Recentemente, a taxa básica de juros no Brasil chegou a mais de 14% ao ano. Isso significa que, em poucos anos, o dinheiro que você deixou de receber, por não aceitar um valor mais baixo do que gostaria, teria rendido o equivalente ao valor da obra. Mas, por conta do apego, você perdeu tempo, dinheiro e ainda continuou pagando condomínio, IPTU e manutenção. Tudo isso porque se apegou a um valor emocional e deixou de olhar o valor real de mercado.

Isso vale para imóveis, carros e, principalmente, para sua empresa.

Muitas vezes, ouço alguém dizer: **"Minha empresa é a melhor do mercado."** Mas, ao investigar, percebo que esse julgamento pode ser muito mais reflexo do apego do dono do que de dados concretos. A empresa é mesmo a melhor? Os números comprovam isso? Ou é apenas o amor pelo próprio negócio falando mais alto?

Não estou dizendo que você precisa ser frio e indiferente ao seu empreendimento. É natural e saudável sentir orgulho do que construiu. Eu mesmo tenho esse apego à minha casa, ao meu carro e à nossa empresa. Gosto do cheiro do meu carro, da forma como arrumo minhas coisas. Meus hábitos e minha rotina são parte de mim. E o mesmo acontece com meu negócio. Mas é essencial que você consiga criar uma separação entre o que é **apego emocional** e o que é **realidade de mercado**.

Economia comportamental: gatilhos mentais | 135

O exercício que proponho é este: reconheça seu apego, mas tente olhar sua empresa como se ela fosse de outra pessoa. Quanto ela realmente vale? Qual o seu real posicionamento no mercado? Qual a percepção do público? Qual o diferencial em relação à concorrência? Esse distanciamento crítico é o que permite tomadas de decisão mais estratégicas e menos emocionais.

Esse cuidado é ainda mais necessário quando falamos do apego à **ideia inicial** que deu origem ao negócio. Esse é o pior tipo de apego para um empreendedor. Muitas empresas quebram porque seus fundadores não conseguem abandonar uma ideia que não está mais funcionando. Eles insistem, insistem e insistem, como se desistir da ideia fosse admitir que são incompetentes ou desqualificados. Não! Na maioria das vezes, a ideia simplesmente não deu (ou não dá mais) certo. Isso não diz nada sobre sua inteligência ou capacidade.

Certa vez, perguntaram a Thomas Edison se ele não se incomodava por ter falhado 99 vezes ao tentar criar a lâmpada. Ele respondeu: **"Eu não falhei 99 vezes. Eu descobri 99 maneiras que não funcionam."** Cada tentativa frustrada é uma lição aprendida. Cada ideia que não deu certo é um passo em direção ao acerto. Falamos sobre isso no capítulo 3, quando analisamos casos de fracasso e o quanto eles podem ser valiosos para sua trajetória.

O quarto gatilho mental é a **ancoragem**, uma técnica de vendas extremamente utilizada. Ela funciona fixando um **preço de referência** que serve como parâmetro para todas as decisões que vêm depois. E aqui, o exemplo clássico é o da revista *The Economist*.

Antes da era digital, a *The Economist* era uma das revistas mais importantes do mundo dos negócios. Com a chegada da

136 | O guia definitivo para empreender com sucesso

internet, eles lançaram o site *The Economist Online*, que naturalmente custava menos para ser produzido. Em determinado momento, a revista fez uma campanha: a assinatura apenas do site custava US$ 59 por ano. Já a assinatura do impresso + site custava US$ 129. Resultado? 70% escolhiam a versão mais barata, só on-line, e 30% optavam pelo pacote completo.

Mas aí a revista fez um teste genial. Criaram uma nova opção: **apenas a versão impressa por US$ 129.** Parece inútil – quem pagaria só pela impressa se pelo mesmo valor podia ter a impressa e a on-line? Mas essa opção teve uma função crucial: **serviu como âncora.**

Ninguém escolheu a assinatura apenas impressa, como esperado. Mas a simples existência dessa opção fez com que a maioria dos assinantes passasse a escolher o pacote completo. Ao comparar, parecia que a versão impressa + on-line era um baita negócio. Foi uma inversão completa: agora, 70% escolhiam o pacote completo e apenas 30% ficavam com a versão on-line.

Esse é o poder da ancoragem. Criar uma **referência de preço** para que o cliente perceba vantagem na opção que você realmente quer vender.

Outro exemplo clássico é a carta de vinhos de um restaurante. As opções que mais vendem geralmente são o **segundo vinho mais barato** e o **segundo mais caro.** O segundo mais barato é escolhido por quem quer economizar, mas tem vergonha de pedir o mais barato de todos. Já o segundo mais caro atrai quem quer impressionar, mas fica com medo de exagerar. Muitas vezes, o vinho mais caro da carta está ali só para ancorar o segundo mais caro – que é onde o restaurante tem maior margem.

Economia comportamental: gatilhos mentais | 137

Perceba que até as opções que ninguém escolhe exercem uma função estratégica. Elas servem para ancorar a percepção de valor. Essa é uma das técnicas mais poderosas de precificação e influencia o comportamento de compra de forma profunda.

Agora, quero introduzir o próximo gatilho mental: **o princípio da autoridade**. Para isso, recomendo o filme *Experimenter: Stanley Milgram, o psicólogo que abalou a América*. Esse filme retrata um dos experimentos mais famosos da história da psicologia, conduzido por Milgram na Universidade de Yale.

O objetivo era entender como pessoas comuns puderam seguir ordens cruéis e cometer enormes atrocidades ao longo da história, como por exemplo no caso do nazismo. Milgram montou uma sala com uma máquina de choques, onde um "professor" (ator) ordenava que um participante desse choques cada vez mais fortes em outra pessoa (também ator), todas as vezes que ela errasse a resposta para determinadas perguntas.

O participante achava que estava participando de um experimento para estudar métodos de aprendizagem com punições e recompensas, mas na verdade era um experimento para avaliar o quanto alguém obedeceria a ordens, mesmo que absurdas, sem questioná-las. Nesse caso, choques acima dos níveis intermediários colocariam a vida da pessoa que os estava recebendo em risco (em tese, já que se tratava de um ator simulando o recebimento de choques, que não existiam). Os participantes comandando a máquina de choques viam o sofrimento do outro, mas, simplesmente porque estavam recebendo instruções de um suposto especialista com autoridade no assunto, 70% seguiram até o nível máximo do choque, uma carga letal. O resultado chocou o mundo.

Esse poder da autoridade é amplamente explorado em vendas e marketing. Desde o dentista de jaleco na propaganda de creme dental até executivos de grandes empresas com currículos impressionantes que são usados em peças publicitárias. O objetivo é sempre o mesmo, usar essa autoridade construída para induzir um comportamento em quem está assistindo. Construir **autoridade percebida** é essencial para influenciar e conquistar a confiança do público.

E assim, entramos no próximo gatilho: o **viés de confirmação** – um dos mais perigosos do nosso tempo.

Gráfico 5
O viés de confirmação

Imagine dois conjuntos, conforme a imagem. Em um deles, à direita, estão as nossas **crenças** – aquilo em que acreditamos. Podemos crer que uma marca seja a melhor, que certa pessoa

Economia comportamental: gatilhos mentais | 139

seja a mais inteligente, a mais agressiva ou a mais corrupta, ou ainda que determinado produto seja o mais barato. Cada um de nós acredita em algo diferente, e isso é positivo. Nesse sentido, esse conjunto representa tudo em que acreditamos.

No outro conjunto estão os **fatos**. E é exatamente na interseção desses dois conjuntos que se encontra o que desejo destacar: o **"nosso mundo" tende a se restringir àquilo em que acreditamos e que vemos, de fato, ser confirmado.** Quando os fatos contrariam nossas crenças, simplesmente os ignoramos. Imagine, por exemplo, que você admire muito um político. Se aparece uma notícia revelando atos de corrupção envolvendo essa pessoa, o que acontece? Você não lê ou pula a notícia, evitando assim qualquer confronto com a sua crença.

De modo geral, evitamos confrontar nossas crenças. Por isso, quando surge alguma notícia positiva sobre esse político, tendemos a lê-la por completo, mergulhando em cada detalhe que confirma o que já acreditamos. Essa atitude não se restringe a políticos, se estendendo a produtos, assuntos e basicamente qualquer tema que nos desperte interesse.

O problema é que as redes sociais, com seus algoritmos cada vez mais avançados, usam e abusam de todos esses mecanismos de influência. Isso é abordado no livro *Irresistível*, de Adam Alter, do qual falei no início do capítulo. O objetivo é deixar o usuário cada vez mais vinculado, ligado e viciado nas plataformas. A rede social percebe o seu comportamento e entende que você gosta de determinado político, por exemplo. Então, a rede vai lhe entregar todas as notícias boas relacionadas a ele, porque cada vez mais você vai se engajar no tema, afinal, é algo que gosta de ver.

140 | O guia definitivo para empreender com sucesso

O algoritmo, por sua vez, não vai exibir notícias negativas. Como resultado, as pessoas passam a viver em bolhas herméticas e blindadas, reforçando apenas aquilo em que já acreditam. Assim, tornam-se menos críticas, mais teimosas, cada vez mais polarizadas e extremistas, porque só encontram confirmação para suas convicções.

Uma maneira simples de observar o viés de confirmação, por exemplo, pode ser notada no caso de quem assiste a um filme em que aparece um **carro verde**, chamativo, em destaque. Ao sair do cinema, essa pessoa repara em cinco carros da mesma cor na rua e imagina que se trata de uma tremenda coincidência. Entretanto, **esses veículos sempre estiveram ao alcance de sua visão, mas não despertavam atenção**. Nesse momento, a pessoa confirma algo já presente em sua mente, pois passa a perceber com mais clareza aquela cor, buscando informações que reforcem a nova percepção. Observa-se que esse gatilho mental ocorre com nomes, objetos e diversas situações do dia a dia.

O sétimo gatilho mental é o que eu defino como **o mercado da esperança** *versus* **o valor esperado das coisas**. Mas o que é o mercado da esperança? É o mercado no qual são vendidas expectativas, normalmente improváveis: um ativo que pode render até um valor X; o remédio que pode ajudar você a emagrecer até Y quilos; o curso de *coach* que poderá fazer você ganhar o primeiro milhão em um ano. O mercado da esperança é aquele mercado que só mostra o melhor cenário de todos e que faz você tomar uma decisão pensando nele, o que é absolutamente equivocado. Sua decisão deveria sempre ser tomada usando o conceito de **Valor Esperado**, já abordado em outro capítulo.

Economia comportamental: gatilhos mentais | 141

Para isso é preciso entender não somente o melhor cenário, mas todos os possíveis. Mais do que isso, qual a probabilidade destes cenários acontecerem. As corretoras e os bancos usam essa estratégia do mercado da esperança de maneira leviana, para não dizer suja, imoral. Eles dizem, por exemplo, que o rendimento de um investimento pode dar até 200%, 300% do CDI.

A pergunta é: qual a probabilidade de o investimento alcançar 200%, 300% do CDI? Você pode perguntar, e ninguém, obviamente, vai saber responder. E, se responder, provavelmente estará chutando, porque não sabe fazer essa conta. As corretoras e os bancos fazem uma promessa que eles mesmos não conseguem explicar, e isso soa atrativo aos ouvidos dos clientes, afinal, o ganho parece exorbitante.

O problema é que, se houver 25% de chance de dar 200% do CDI e 75% de chance de dar zero, isso quer dizer, na verdade, que o valor esperado para o investimento é de 50% do CDI. Veja como os números podem ter um comportamento bem diferente do que o senso comum espera. Na prática, se o valor esperado para o investimento alcançar 50% do CDI, ele alcançará menos do que você poderia conseguir com um título público, que é próximo de 100% do CDI, sem correr risco algum. No entanto, como os bancos inflam o discurso na direção do mercado da esperança, acabam maquiando o valor esperado.

Valor Esperado

$$E(X) = \text{prob. resultado} \times \text{resultado}$$

142 | O guia definitivo para empreender com sucesso

A **rifa** é outro exemplo para entendermos esse conceito. Digamos que uma pessoa distribuirá mil números de rifa para sortear um celular de última geração, da marca mais bacana que tiver. Vamos dizer que esse aparelho custa **R$ 10 mil**. Pode ser o Google Pixel, o iPhone de última geração ou outro qualquer.

Vamos concordar que, se você comprar uma rifa, sua chance de ganhar é de **1 em 1.000**. Então, qual o valor esperado da rifa? É:

$$1/1.000 \times 10.000 = R\$ \ 10$$

É claro que, para a rifa dar lucro, o vendedor colocará o preço **um pouco acima de R$ 10**. Se você comprar essa rifa por **R$ 20**, estará pagando muito caro, pois é o dobro do valor esperado. Mas desconfie se a rifa estiver abaixo de R$ 10, pois, nesse caso, o vendedor está oferecendo como prêmio um produto cujo valor total da rifa não cobre o preço do produto. Nesse caso, podemos supor que a pessoa ganhou o telefone como doação para sua causa ou que a rifa é propaganda para coletar dados e prospectar novos clientes.

Agora, mesmo que a rifa seja vendida por **R$ 30**, para muitos isso pode parecer um ótimo negócio – pagar somente R$ 30 por uma chance de ganhar um prêmio de R$ 10 mil. Mas não é essa a conta correta. O gatilho mental nos faz focar apenas no prêmio, sem considerar a probabilidade real de ganhá-lo.

Esse é o perigo do mercado da esperança: em vez de olhar a probabilidade real, você se apega ao sonho do melhor cenário. Isso acontece com rifas, investimentos, dietas milagrosas e até promessas religiosas ou sentimentais. Tudo o que mexe com paixão tende a ativar esse gatilho.

Economia comportamental: gatilhos mentais | 143

Muito cuidado com o mercado da esperança. Igrejas vendem esperança. Loterias vendem esperança. *Coaches* vendem esperança. É um mercado enorme, mas sua decisão sempre precisa ser tomada com base em valor esperado, e não no sonho da esperança.

O **oitavo gatilho mental** é considerado um dos mais fortes e antigos mecanismos de persuasão: a **regra da reciprocidade**.

Aposto que você já foi ao supermercado e viu um estande com uma pessoa oferecendo a degustação de algum produto. Então, experimenta um pedaço de queijo ou um copinho de suco. Sem perceber, uma pequena pressão interna surge e você se sente mais inclinado a comprar aquele produto. Esse comportamento reflete exatamente o princípio da reciprocidade: sentimos uma necessidade quase automática de retribuir um favor recebido.

Esse é um mecanismo universal, mas na nossa cultura ele é ainda mais forte. Isso está refletido até mesmo no nosso vocabulário. Em português, quando agradecemos, dizemos "obrigado". Ou seja, eu me sinto obrigado a retribuir de alguma forma esse gesto bondoso. Isso é muito significativo. Em espanhol, por exemplo, a palavra usada é *"gracias"*, que vem de gratidão. Gratidão é algo de graça, que não precisa ser retribuído. Em português, não. Em português, quando agradecemos, nos colocamos em dívida, criamos uma espécie de laço de obrigação com quem fez algo por nós.

Um exemplo clássico da aplicação desse gatilho é uma estratégia que foi utilizada pelos irmãos da religião **hare krishna** na Califórnia para financiarem suas atividades. Eles ficavam em pontos de grande circulação de pessoas – aeroportos, ruas movimentadas – e ofereciam flores para os transeuntes. As pessoas

144 | O guia definitivo para empreender com sucesso

aceitavam a flor, muitas vezes sem nem saber direito do que se tratava, e, em seguida, os hare krishna pediam uma doação para sua causa.

O que aconteceu? O simples fato de a pessoa ter recebido uma flor de maneira gratuita criava, mesmo que de forma inconsciente, um incômodo interno, uma necessidade de retribuir aquele gesto. A pessoa acabava doando, não por necessariamente acreditar na causa, mas porque sentia que precisava "equilibrar" aquela troca. É um mecanismo tão forte que, com o tempo, os hare krishna perceberam que muitas pessoas que doavam dinheiro nem ficavam com as flores, jogando-as fora logo após a doação. O que eles passaram a fazer? Recolhiam as flores descartadas e entregavam para outras pessoas, repetindo o ciclo sem ter agora o custo da flor. Era um processo extremamente eficiente.

Esse mesmo gatilho é o que pode tornar muito difícil recusar certos convites em baladas ou bares e colocar pessoas em situações de grande perigo. Imagine que você está em uma festa, e alguém lhe oferece um drink. A partir do momento em que ele é aceito, mesmo sem perceber, pode surgir uma pressão para que o gesto seja retribuído de alguma forma. Às vezes, esse retribuir pode ser apenas uma conversa, mas, em muitos casos, essa pressão se torna maior e as consequências muito mais perigosas.

Quantas vezes não ouvimos histórias de mulheres que se sentiram coagidas a aceitar algo, acompanhar alguém para fora da festa ou aceitar um convite, só porque sentiram que "deveriam" alguma coisa depois de terem aceitado uma gentileza? Essa "dívida implícita" é perigosa, e infelizmente é explorada com frequência.

Economia comportamental: gatilhos mentais | 145

Muitas pessoas, de forma equivocada, dizem que a culpa é da mulher, que "aceitou o drink e agora tem que aceitar o resto". Isso é uma completa distorção, um absurdo, mas a sensação de "dívida de gratidão" existe como traço comportamental. E é um gatilho mental difícil de resistir, porque está profundamente enraizado em nossa cultura.

A melhor forma de se proteger desse tipo de manipulação é, primeiro, ter consciência de que esse gatilho existe. Em segundo lugar, desenvolver a habilidade de recusar ofertas sem se sentir culpado. Se alguém lhe oferecer algo e você não quiser aceitar, diga um simples "não, obrigado". Ou, se quiser aceitar, mas não quer criar esse laço de reciprocidade, crie uma explicação clara para você mesmo. Pode dizer algo como: "Eu aceito, mas não estou assumindo nenhum compromisso." Essa autoconscientização já ajuda bastante.

Aliás, um exercício muito interessante para você, empreendedor ou empreendedora, é observar como a reciprocidade aparece no seu próprio negócio. Quando você oferece algum conteúdo gratuito – um e-book, uma aula grátis, uma consultoria inicial sem custo – você está, sim, acionando o gatilho da reciprocidade. As pessoas que recebem algo de você sentem uma inclinação natural a querer retribuir, muitas vezes comprando o seu produto ou contratando o seu serviço. Essa é uma estratégia legítima e muito utilizada, mas que deve ser feita com ética e consciência.

No Brasil, o gatilho da reciprocidade é tão forte que temos essa expressão curiosa: "dívida de gratidão". Mas pense bem: gratidão vem de "grátis", deveria ser algo espontâneo, uma emoção

146 | O guia definitivo para empreender com sucesso

positiva e livre. Se ela se transforma em dívida, já não é mais gratidão – é uma obrigação.

Portanto, fique atento e, principalmente, nunca aceite nada sem antes entender o que pode vir depois. Aceitar algo gratuito pode ser maravilhoso – desde que você esteja consciente de que, em algum momento, pode sentir a necessidade de retribuir. Estar preparado para dizer não quando necessário é uma habilidade fundamental para proteger seus interesses, sua empresa, sua família e o que mais for importante para você.

O **nono gatilho mental** é a **regra da escassez**. Esse é um dos gatilhos mais simples e ao mesmo tempo um dos mais poderosos. Ele se baseia em algo muito básico e primitivo: o medo de perder, de ficar de fora (em inglês FOMO, *fear of missing out*). Nossa mente dá muito mais valor para algo quando existe o risco real de aquilo acabar ou de outra pessoa pegar antes de nós.

Pense em uma pizzaria lotada onde só há uma mesa livre. Se você ficar indeciso e disser que vai pensar um pouco antes de sentar, e, nesse meio tempo, outra família sentar naquela mesa, é muito provável que, na sua cabeça, aquela mesa passe a ter um valor muito maior do que teria se várias outras mesas estivessem disponíveis. Você não quer apenas uma mesa para jantar – quer aquela mesa que pode ser tirada de você. Esse mecanismo de valorização pelo medo da perda é ancestral e profundamente enraizado na nossa mente.

A origem evolutiva desse gatilho mental é bem fácil de entender. Pense em nossos ancestrais, ainda na época da caça e da coleta. Se um grupo descobrisse uma árvore carregada de frutas maduras e suculentas, o impulso imediato era colher e armazenar o máximo possível, porque a fruta madura logo acaba e, se o grupo vizinho descobrisse antes, poderia não sobrar nada. O cérebro humano se adaptou para responder com muita força a qualquer sinal de escassez. É uma resposta de sobrevivência.

E essa mesma lógica é usada diariamente no comércio e no marketing. As expressões são muitas.

- Últimas unidades disponíveis;
- Somente até amanhã;
- Promoção por tempo limitado;
- Depois que acabar esse lote, o preço vai subir.

Todas essas frases não são apenas técnicas comerciais – elas ativam um gatilho ancestral dentro de nós. Algo que nos faz agir rápido, antes mesmo de avaliarmos de modo racional se aquela compra realmente faz sentido.

E veja: não há nada de errado em usar a escassez como estratégia de vendas, desde que ela seja verdadeira. Se você anuncia que só restam 5 unidades de um produto, mas na verdade tem 500 no estoque, você não está usando um gatilho mental legítimo – **você está mentindo**. Isso destrói sua credibilidade, que é um dos ativos mais valiosos que você pode construir no seu negócio.

Credibilidade é como um castelo de areia: demora muito para construir e pode ser destruída em segundos. Se você usa escassez falsa e seus clientes percebem, eles jamais confiarão em você de novo. E o prejuízo não é só financeiro – é de reputação, que é muito mais difícil de recuperar.

148 | O guia definitivo para empreender com sucesso

Agora, se a escassez for real, você deve sim usá-la a seu favor. Se você tem 50 vagas para um curso e 45 já foram preenchidas, avise. Deixe claro que quem quiser garantir uma vaga precisa agir rápido. Isso é legítimo e até mesmo um serviço para o seu público, porque ajuda as pessoas a tomarem decisões de forma mais ágil e consciente.

E há um detalhe interessante: quanto mais concreto for o elemento da escassez, maior seu impacto. Por exemplo, se você tem uma loja virtual e coloca um contador visível mostrando que só restam 2 unidades de um produto, o efeito é muito mais forte do que apenas dizer "estoque limitado". Isso porque o cérebro humano reage melhor a números específicos e concretos do que a conceitos abstratos.

A escassez também pode ser de tempo. Por isso, promoções relâmpago funcionam tão bem. Se um site anuncia desconto de 50%, mas só até meia-noite, o simples fato de existir um prazo curto já cria uma ansiedade interna: e se eu perder essa oportunidade? Esse medo da perda é muitas vezes mais forte do que o desejo pelo próprio produto.

Aliás, esse é um ponto fundamental: o gatilho da escassez ativa mais o medo da perda do que o desejo de ganho. Isso está em linha com um conceito da psicologia comportamental chamado aversão à perda, que já foi estudado por Daniel Kahneman e Amos Tversky. Basicamente, eles mostraram que, para a maioria das pessoas, perder R$ 100 dói muito mais do que ganhar R$ 100 traz alegria. Ou seja, o cérebro humano é programado para evitar perdas – mesmo quando a perda é apenas a oportunidade de comprar algo em promoção.

Economia comportamental: gatilhos mentais | 149

Esse mecanismo é tão forte que você com certeza já viu em plataformas de viagens ou em sites de reservas de hotéis mensagens como:

- Só restam 2 quartos nesse hotel;
- Outra pessoa acabou de reservar esse quarto;
- Mais 10 pessoas estão olhando esse voo agora.

Nada disso é coincidência. Tudo é cuidadosamente planejado para ativar o gatilho da escassez e gerar ansiedade de compra. Porque se você deixar para depois, alguém pode pegar antes de você – e isso ativa nosso instinto de sobrevivência.

O ponto central aqui é: use a escassez de forma ética e verdadeira. Se você só tem 10 unidades, diga. Se a promoção vai mesmo acabar amanhã, avise. Mas nunca crie uma escassez artificial, porque isso é o mesmo que manipular e enganar seus clientes.

E, no longo prazo, o cliente enganado se sente traído e não volta mais. O segredo para um negócio duradouro é construir relações de confiança e credibilidade, e isso só acontece com verdade, transparência e respeito.

Portanto, use o gatilho da escassez com inteligência, mas principalmente com ética. Essa combinação – estratégia mais transparência – é imbatível.

O **décimo gatilho mental é o poder da simpatia.** Simples: tendemos a fazer mais negócios com pessoas com quem temos simpatia. Mas o que exatamente nos faz desenvolver simpatia por alguém?

150 | O guia definitivo para empreender com sucesso

É bom lembrar que ter simpatia tem relação a querer estar ao lado, junto, de alguém ou de algo. A propósito, a palavra "simpatia", do grego *sympatheia*, quer dizer ao lado do sofrimento, pois *pathos* é "sofrimento" e o prefixo *syn*, "junto". Importante notar que empatia é diferente de simpatia. Na primeira, você está dentro da situação (em + *pathos*), já na segunda, você está ao lado (*syn* + *pathos*). Por exemplo, sentir empatia por alguém significa que você já passou por aquilo ou passa pela mesma situação, já "vestiu aqueles sapatos". Por outro lado, quando você se declara simpático a alguma causa, quer dizer que você não faz parte daquela causa, mas dá apoio, está ao lado.

Fazemos mais negócios com as pessoas que queremos ter ao nosso lado. Por isso, quero compartilhar com você um passo a mais, refletindo um pouco sobre o que faz alguém ter mais simpatia a uma causa, a um produto ou a uma pessoa. Somos simpáticos àquilo com o que, ou aquele com quem, temos maior familiaridade, estamos mais acostumados.

Veja que fato interessante e, ao mesmo tempo, curioso. Quando nos olhamos no espelho, nossa imagem é refletida, ou seja, o lado direito do rosto aparece no lado esquerdo do espelho, e vice-versa. Isso significa que estamos mais acostumados a nos ver dessa forma. No entanto, ao vermos uma fotografia nossa, enxergamos nossa imagem da maneira como os outros nos veem, sem a inversão do espelho.

Essa diferença na percepção explica por que, muitas vezes, achamos que ficamos melhor no espelho do que em fotos, já que nos olhamos no espelho com muito mais frequência do que olhamos nossas fotos. Como estamos familiarizados com nossa

Economia comportamental: gatilhos mentais | 151

imagem refletida, a versão "real" capturada em fotos pode parecer estranha ou menos atraente para nós.

Esse fenômeno, o da simpatia, é muito explorado no marketing e na publicidade. É comum que celebridades sejam escolhidas para promover produtos ou serviços, mesmo que não tenham qualquer relação com o tema. Por exemplo, alguém sem conhecimento sobre o setor bancário pode ser contratado para recomendar um banco. Esse tipo de estratégia é eficaz porque, ao vermos essas figuras públicas com frequência – seja na televisão, nas redes sociais ou em campanhas publicitárias –, desenvolvemos uma sensação de familiaridade e, consequentemente, simpatia por elas.

No passado, esse efeito era mais evidente com atores e atrizes de novelas, que alcançavam enormes audiências. Hoje, apresentadores de noticiários e influenciadores digitais também exercem esse papel. Como fazem parte de nossa rotina visual, acabamos confiando neles, muitas vezes sem perceber, simplesmente porque sua presença constante gera um sentimento de proximidade e credibilidade.

O **décimo primeiro** tema que abordaremos neste capítulo de gatilhos mentais é o **paradoxo da escolha**. Barry Schwartz é um psicólogo americano de muito sucesso, inclusive tendo se apresentado com enorme visibilidade em mais de um TED Talk. Ele escreveu um livro incrível chamado *O paradoxo da escolha*.[9] O portal de cursos do ICL oferece uma aula incrível sobre este

---

9. Barry Schwartz, *O paradoxo da escolha: por que mais é menos?*, São Paulo: Instituto Conhecimento Liberta, 2025.

152 | O guia definitivo para empreender com sucesso

tema com ele, que recomendo fortemente a todos vocês. Neste livro, a explosão de possibilidades de escolhas que viveu nossa sociedade e as consequências desse fenômeno são abordadas.

Este é um dos exemplos trazidos no livro: antigamente, quando você comprava uma calça jeans, não tinha muito o que escolher. Talvez a marca, da Wrangler ou da Levi's. Era assim, porque calça jeans era calça jeans, e nada mais.

Atualmente, há quase uma infinidade de marcas e modelos disponíveis. São opções como cintura alta, boca de sino, cargo, slim, button fly, entre muitas outras. Diante de tantas escolhas, é fácil se perder. Em algumas situações, o vendedor pergunta qual modelo específico está sendo procurado. Para aqueles que não acompanham tantas variações, como é o meu caso, a resposta pode ser simples: "Existe ainda aquele jeans tradicional, como antigamente?" O problema dessa quantidade de opções é que, em tese, a gente deveria estar muito mais feliz com isso porque, em princípio, se a gente tem muito mais escolhas, a chance de ser feliz com o resultado é muito maior. O problema é que, de uma maneira muito nítida, não é isso que as pesquisas mostram.

Na prática, quando existem muitas possibilidades, ficamos menos satisfeitos com as nossas escolhas. E isso pode ser mais nocivo do que parece. A seguir, trago mais um exemplo que Barry Schwartz aborda, desta vez da área financeira, para analisarmos.

Antigamente, quando uma corretora de valores, uma empresa de seguros de vida ou de seguros financeiros vendia um produto para você, esse produto fazia parte de uma lista pequena de opções. Uma corretora de investimento, por exemplo, possuía vinte fundos em seu portfólio de produtos. Se o corretor fosse

Economia comportamental: gatilhos mentais | **153**

uma pessoa que estudasse o tema, ele conseguia falar sobre os vinte fundos e ajudar o seu cliente a escolher o mais apropriado. Nesse caso, o valor que você pagava para a corretora, para o seu banco, era justificável, porque o seu corretor estudava de fato esses fundos e prestava um serviço completo de consultoria, auxiliando efetivamente a sua escolha.

Hoje, no entanto, há milhares de produtos de investimento oferecidos pelos bancos e corretoras, e é óbvio que a pessoa que lhe vende não conhece a fundo todos eles. Como ela não sabe lhe explicar detalhadamente, a responsabilidade pela escolha recai sobre você. Então, você, que não é preparado para isso, tem que escolher e ainda pagar para outra pessoa, que não lhe agrega em nada. Compreender o paradoxo da escolha nos desperta muitas vezes para situações absurdas como esta!

Contudo, existem outros problemas além desses. Quando há várias escolhas a se fazer, primeiro, ficamos com a sensação de que é preciso ser muito assertivo na escolha. O que é escolhido precisa ser perfeito e se encaixar no que você quer. Esse comportamento, muitas vezes, surge de maneira inconsciente. A percepção de que há diversas opções disponíveis gera a sensação de que é necessário fazer a escolha perfeita. Como consequência, a exigência em relação ao resultado aumenta significativamente. Isso leva à criação de uma expectativa idealizada, na qual o resultado precisa ser impecável.

No entanto, a demanda nunca vai ser totalmente atendida, porque nada é perfeito, e isso nos leva a um gasto de energia muito maior do que seria necessário simplesmente para depois viver uma frustração.

154 | O guia definitivo para empreender com sucesso

Outra consequência da multiplicidade de escolhas é, depois de ter feito a escolha, ficar comparando o que foi escolhido com aquilo que não se escolheu. Uma disputa injusta onde quase sempre teremos a sensação de termos "escolhido mal".

O estudo de Barry Schwartz, porém, também mostra que não ter opção alguma é ruim. É como uma curva onde, inicialmente, à medida que você acessa mais opções, pode colher benefícios, mas, a partir de um determinado número, a quantidade de opções disponibilizadas pode levar a uma situação cada vez pior.

Às vezes, compreender essa questão pode ser desafiador. Se alguém precisar escolher uma camisa e for questionado sobre a quantidade de opções que deseja ver, a maioria provavelmente escolheria por um número maior de opções. No entanto, estudos indicam que, a partir de um certo ponto, ter menos opções é mais vantajoso do que ter muitas, tornando mais fácil a tomada de decisão. Estou falando "determinado número", não um número específico para todos os produtos. Pode ser que sejam 10 camisas, mas 5 sapatos, depende de cada tipo de produto, de cada tipo de pessoa e de cada situação.

O livro de Schwartz me marcou muito, tanto a minha vida pessoal quanto a profissional. Inclusive, depois da leitura dessa obra, quando preciso comprar um presente para alguém, entro em uma ou duas lojas apenas e escolho um presente que imagino que a pessoa vá gostar e que está num preço razoável, dentro daquilo para que me planejei. Depois que encontro o presente, compro e saio do shopping. Particularmente, não gosto de passeios prolongados nesses ambientes, embora muitas pessoas gostem dessa atividade. No entanto, esse novo hábito me trouxe

Economia comportamental: gatilhos mentais | 155

benefícios como economia de tempo, maior disposição e uma melhora no humor. A pessoa que recebeu o presente, por sua vez, não conhece todas as opções que existiam no shopping, ela só conhece a que recebeu de presente e fica igualmente feliz.

Aplico essa estratégia também na empresa, ou seja, se existe uma boa solução para algo, uma solução que funciona, melhor investir nela e seguir em frente, sem ficar gastando desnecessariamente energia e tempo pensando em todas as opções.

Portanto, cuidado com o número elevado de alternativas na hora de escolher, porque, em várias situações, menos é mais.

Minha última dica: do que foi abordado neste capítulo, anote qual ponto chamou mais a sua atenção, o que fez mais sentido, como, por exemplo, que gatilho emocional considera mais poderoso. Examine em sua trajetória de vida se já se viu em alguma situação em que deixou um desses gatilhos mentais te influenciar e depois se arrependeu. Espero que tenha gostado deste conteúdo e que ele seja de grande ajuda.

Se você se dedicar e, ao final do livro, tiver incorporado esses conceitos, tenha certeza de que sua visão sobre o mercado, sobre as relações de consumo e, principalmente, sobre a forma como as empresas – e até mesmo os políticos – tentam nos convencer de algo, será muito mais sofisticada e crítica. Esse conhecimento é uma arma poderosa, e cabe a você decidir como vai utilizá-la.

No próximo capítulo, vamos continuar explorando a mente humana e aprofundar o entendimento sobre como as emoções impactam diretamente nossas decisões e comportamentos. Compreender isso é essencial não apenas para quem quer empreender, mas também para quem quer se proteger de manipulações

156 | O guia definitivo para empreender com sucesso

e influências externas. Afinal, quanto mais você conhece sobre o funcionamento da mente humana, mais controle tem sobre suas próprias escolhas e sobre como construir relações mais saudáveis e transparentes, tanto nos negócios quanto na vida pessoal.

Nos vemos no próximo capítulo.

6.
APRESENTAÇÕES EM PÚBLICO E MÉTODO DE VENDAS

Este capítulo é especialmente relevante, e desde o início ficará claro o motivo de sua importância. O foco aqui será o papel das apresentações, um aspecto essencial em diversos contextos. De início, pode parecer que esse tema não se relaciona com o empreendedorismo e com a construção de negócios bem-sucedidos. No entanto, ao longo desta discussão, ficará evidente como a habilidade de apresentar ideias, produtos e serviços de forma estruturada e persuasiva é um elemento central para qualquer profissional ou empresário.

No capítulo 4, ao abordar a economia comportamental, foi mencionado um trecho do livro *O animal social*, de Elliot Aronson. Esse trecho destacava que, a todo momento, seja ao ler um jornal, assistir a um programa de televisão ou dialogar com amigos, há sempre alguém tentando nos convencer de algo, seja uma ideia, um produto ou um serviço. A maneira como essas ideias e produtos são transmitidos ao público se dá por meio de apresentações. Portanto, compreender e desenvolver essa habilidade é crucial para quem deseja influenciar, persuadir e se comunicar com eficácia.

158 | O guia definitivo para empreender com sucesso

O conceito de apresentação não se restringe a palestras ou eventos formais. Ele também se aplica a diversos formatos do dia a dia, como um e-mail, uma mensagem de WhatsApp ou mesmo uma ligação telefônica. Em qualquer uma dessas situações, há uma narrativa sendo construída e um objetivo a ser alcançado. Assim, a capacidade de estruturar e organizar as informações de maneira estratégica pode impactar diretamente a eficácia da comunicação.

Com o advento das plataformas digitais e dos aplicativos de mensagens instantâneas, como WhatsApp e Telegram, a comunicação tornou-se mais ágil e acessível. No entanto, surge um questionamento: todas as mensagens possuem o mesmo impacto e eficiência? A escolha das palavras, a ordem das informações e a extensão da mensagem são fatores determinantes para garantir que o destinatário compreenda e se engaje com o conteúdo. Mensagens excessivamente curtas podem não transmitir todas as informações necessárias, enquanto mensagens longas podem ser ignoradas por falta de tempo ou interesse. Dessa forma, compreender a estrutura ideal para uma comunicação eficiente é essencial para obter resultados positivos.

Nesse contexto, a arte de contar histórias desempenha um papel fundamental. A narrativa está presente em todos os aspectos da vida, desde a forma como transmitimos conhecimento até a maneira como influenciamos pessoas. A habilidade de contar uma história com clareza e propósito diferencia os indivíduos que conseguem impactar e engajar seu público. Para transmitir conceitos, seja no ambiente familiar, empresarial ou acadêmico,

Apresentações em público e método de vendas | 159

a narrativa bem construída facilita a assimilação e o entendimento da mensagem.

A relevância dessa habilidade pode ser observada tanto na educação infantil, quando pais transmitem valores e ensinamentos por meio de histórias, quanto no mundo corporativo, em que empresas comunicam sua missão e valores para funcionários e clientes. Em ambos os casos, a capacidade de estruturar e apresentar informações de forma envolvente e convincente é um fator determinante para o sucesso da comunicação.

Diversos estudos indicam que um dos maiores receios das pessoas no ambiente profissional é a necessidade de realizar apresentações, especialmente em público. Esse medo pode ser paralisante para alguns, para outros se manifesta como um leve desconforto ou insegurança. Mesmo indivíduos experientes podem sentir certo constrangimento ao desempenhar o papel de vendedor ou ao expor suas ideias para um público numeroso. Isso se deve, muitas vezes, ao receio de julgamento ou à preocupação com a percepção alheia.

Essa apreensão é compreensível, mas não deve ser um obstáculo intransponível. A comunicação eficaz é uma habilidade que pode ser desenvolvida e aprimorada com prática e conhecimento técnico. Todos possuem a capacidade de contar histórias e apresentar ideias, pois essa característica está enraizada na essência humana. Somos seres sociais, e a construção de narrativas faz parte da nossa natureza. A chave para superar o receio de apresentações está no entendimento das técnicas adequadas e na familiarização com os princípios que tornam uma exposição mais envolvente e impactante.

Gráfico 6
O que uma boa história deve buscar

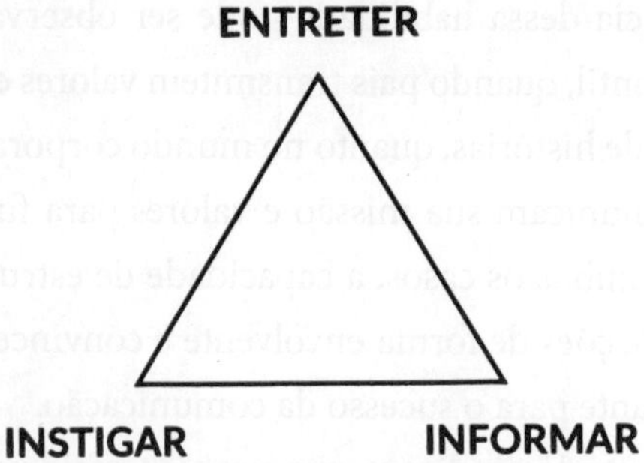

ENTRETER

INSTIGAR **INFORMAR**

- Entreter: conectar, envolver a audiência. Somente com esse envolvimento é possível informar.
- Informar: passar informações que são guardadas, capturadas, aprendidas e que só assim podem instigar.
- Instigar: provocar alguma mudança de atitude, comportamento. Pode ser uma compra feita, um voto conquistado ou uma ideia aceita.

Independentemente do contexto, toda boa história deve se fundamentar em três elementos essenciais: **entreter, informar e instigar.** A ausência de qualquer um desses pilares compromete sua eficácia. Podemos fazer uma analogia com a construção de uma mesa: no mínimo, são necessários três apoios para garantir sua estabilidade. E por que três? Na geometria, três pontos definem um plano. Com apenas um ponto, há infinitas possibilidades de alinhamento; com dois pontos, pode-se traçar uma reta, mas ainda existem múltiplos planos que podem se formar.

Apresentações em público e método de vendas | 161

Somente ao estabelecer três pontos é possível definir um plano único e estável. Esse conceito se aplica perfeitamente à estrutura de uma narrativa: para que uma história seja eficaz, é indispensável que ela conecte, informe e estimule a reflexão ou a ação.

O primeiro pilar, **entreter**, refere-se à capacidade de estabelecer conexão com a audiência. Esse engajamento é fundamental para garantir que a mensagem será recebida. Independentemente do tamanho do público – seja uma única pessoa ou uma plateia de centenas –, sem essa conexão inicial, a comunicação se torna ineficaz.

É importante destacar que entreter não significa *divertir* ou *fazer rir*. Muitas vezes, associa-se o ato de entreter à comédia ou ao humor, mas, na realidade, entretenimento se refere à habilidade de captar e manter a atenção do público. Uma boa apresentação não precisa ser engraçada, mas deve ser envolvente, conduzindo o espectador a se conectar emocionalmente com a mensagem transmitida.

A partir do momento em que o orador consegue estabelecer essa conexão, ele está apto a cumprir a segunda função da narrativa: **informar**. Informar significa transmitir conhecimento de maneira clara e compreensível, de forma que o público possa absorver e reter as informações. A mera apresentação de dados ou fatos, sem uma conexão prévia com a audiência, tende a ser ineficaz.

Para ilustrar esse ponto, imagine um estudante que precisa apresentar um trabalho em sala de aula. Ele se dedica ao conteúdo, prepara-se intensamente e decora sua fala. No entanto, ao iniciar sua exposição, limita-se a uma abordagem muito

162 | O guia definitivo para empreender com sucesso

técnica, sem qualquer tentativa de interação com seus colegas. Como resultado, grande parte da turma se dispersa, e sua mensagem não é assimilada. Isso ocorre porque, sem a etapa inicial de conexão, a transmissão do conhecimento se torna superficial e pouco impactante.

O terceiro pilar, **instigar**, refere-se à capacidade de provocar uma reflexão ou uma mudança de atitude no público. Sempre que uma narrativa busca influenciar o comportamento das pessoas – seja para incentivar a aquisição de um produto, angariar votos ou modificar hábitos –, ela deve seguir essa estrutura: primeiro estabelecer uma conexão (entreter), depois transmitir a informação de forma clara (informar) e, por fim, instigar uma ação concreta.

Dessa forma, torna-se evidente a importância da responsabilidade que tem o narrador ao contar uma história ou ao transmitir uma mensagem. O impacto de um bom contador de histórias é significativo, pois ele tem o poder de influenciar decisões e comportamentos. Essa responsabilidade deve ser tratada com seriedade, pois a maneira como uma mensagem é apresentada pode gerar efeitos positivos ou negativos na vida de quem a recebe.

Em relação a palestras e apresentações, esse cuidado se torna ainda mais relevante. Não basta apenas motivar e inspirar as pessoas; é fundamental fornecer caminhos concretos para que possam aplicar os conhecimentos adquiridos. Caso contrário, a experiência pode ser frustrante, pois um discurso motivacional sem conteúdo prático pode gerar expectativas irreais e, posteriormente, desilusão.

Apresentações em público e método de vendas | 163

Esse princípio também se aplica à publicidade. Muitas figuras públicas e influenciadores são excelentes contadores de histórias e utilizam essa habilidade para promover produtos e serviços. Entretanto, é essencial que haja coerência e ética na comunicação. Endossar um produto ou serviço sem acreditar em sua qualidade pode gerar consequências negativas tanto para o público quanto para a credibilidade do comunicador.

Outro ponto crucial é a crença na própria narrativa. Para que uma história seja convincente, é necessário que o contador acredite no valor do que está transmitindo. Isso não significa que ele precise acreditar nos elementos factuais de uma história fictícia, mas sim no propósito e na mensagem que deseja comunicar. Por exemplo, ao contar um conto de fadas para crianças, um narrador não precisa acreditar na existência de fadas ou duendes, mas deve acreditar no valor da moral da história e no impacto positivo que ela pode ter no aprendizado das crianças.

No âmbito dos negócios, essa crença é igualmente essencial. Quando se vende um produto ou serviço, é fundamental estar convencido de que aquilo trará benefícios reais ao consumidor. Se o próprio vendedor não acredita naquilo que está oferecendo, dificilmente conseguirá transmitir credibilidade e gerar confiança no público.

Além disso, um bom contador de histórias deve estar completamente presente no momento da apresentação. Sua atenção e energia devem estar integralmente voltadas para a comunicação com o público. Estar distraído ou desconectado do momento compromete a autenticidade e a eficácia da mensagem.

164 | O guia definitivo para empreender com sucesso

Um exemplo ilustrativo deste ponto ocorreu durante uma reunião comercial que testemunhei. Um profissional do setor financeiro buscava conquistar um cliente de alto poder aquisitivo para que investisse em sua corretora. Durante o encontro, a cliente compartilhou sua trajetória de vida, relatando desafios e conquistas. Enquanto isso, o representante da corretora permaneceu distraído em seu celular, sem demonstrar interesse pela narrativa da cliente. Ao final da reunião, ficou evidente que essa falta de atenção comprometeu a construção de confiança e a conexão entre as partes, prejudicando as chances de concretização do negócio. Se a pessoa não era capaz de dedicar atenção ali, por que imaginar que cuidaria do patrimônio do cliente com zelo e atenção?

Portanto, contar histórias de forma eficaz exige não apenas técnica, mas também compromisso, autenticidade e presença. A atenção plena ao momento, aliada à crença na mensagem e ao senso de responsabilidade pelo impacto da comunicação, são elementos essenciais para que a narrativa cumpra seu propósito.

Um bom contador de histórias deve necessariamente:

- **Compreender a responsabilidade** de conquistar a confiança e a atenção do público, reconhecendo o poder de influência que isso representa.
- **Acreditar na história que está contando**, não necessariamente em seus aspectos factuais, mas na intenção e no impacto positivo que deseja gerar.

Apresentações em público e método de vendas | **165**

- **Estar plenamente presente no momento da comunicação**, demonstrando envolvimento e autenticidade para garantir a conexão com o público.

Ao dominar esses princípios, é possível construir narrativas poderosas, que não apenas informam, mas também transformam e inspiram aqueles que as escutam.

Vamos agora explorar a estrutura de uma história.

Em um primeiro momento, é essencial que a história consiga capturar a atenção do público. Afinal, as pessoas estão sempre envolvidas em diversas atividades, e você precisa que elas deixem de lado o que estão fazendo para se concentrar em você. Os tempos modernos fizeram essa janela para capturar a atenção diminuir, pois cada vez mais somos expostos a múltiplos estímulos simultâneos, como a combinação de redes sociais e televisão. Diante disso, surge a pergunta: como manter a atenção do público? Este é um grande desafio, que se intensifica à medida que o tempo passa.

A primeira parte da história é conhecida como *introdução*. É o momento inicial, seja nas primeiras linhas de um e-mail, nos primeiros minutos de uma palestra ou nas primeiras palavras de uma ligação. Durante esse trecho, você tem a oportunidade de convencer o público de que vale a pena continuar acompanhando a história até o final. É aqui que você tem a chance de engajar seu espectador.

A construção do roteiro da história que se seguirá também é fundamental. Ao longo de um ano de estudos na Academia de Cinema de Nova York, aprendi sobre estrutura de roteiro, os três

166 | O guia definitivo para empreender com sucesso

atos, os pontos de virada e os *cliffhangers*. Se você já tem algum conhecimento de estrutura de roteiro, perceberá que a construção de uma apresentação segue princípios semelhantes à de um roteiro, ambas lidando com a narrativa de uma história. Falarei mais sobre isso em breve.

Logo no início de uma história, é crucial situar o público no tempo e no espaço. Quem não se lembra das histórias começando com um "Era uma vez, num reino encantado, há muito tempo...". A questão é: quando essa história ocorre? Onde ela acontece? Esse processo é semelhante ao uso de um GPS, que precisa da definição do ponto de partida para permitir que o usuário possa receber a trajetória proposta até o destino final.

Uma vez que o público está situado, é necessário introduzir algo que desperte seu interesse. Existem diversas formas de criar esse impacto inicial, e é o que fazemos através do elemento que em um roteiro chamamos de *catalisador*. Ele provoca uma tensão que o público deseja ver resolvida. No início de um filme, por exemplo, pode-se deixar uma pergunta sem resposta, o que incentiva o espectador a continuar assistindo.

Imagine um filme que começa com a seguinte cena. A câmera passeia por um castelo medieval onde se percebem elementos típicos do Reino Unido. Uma pessoa entra em uma sala deste castelo e, ao olhar em volta, percebe que algo está errado – há uma pessoa morta. Grita por ajuda até que outra pessoa chegue à sala e veja a mesma cena. As personagens trocam olhares, e surge a pergunta: quem cometeu o assassinato? Nesse momento, o espectador já está situado no tempo e no espaço, porém, mais importante, a dúvida gerada sobre quem cometeu o assassinato

Apresentações em público e método de vendas | 167

impulsiona a curiosidade. O público precisa saber a resposta e, assim, a história o fisga.

Esse elemento inicial é fundamental. Deve ser uma questão relevante e angustiante, que mantenha o espectador interessado até que a resposta seja finalmente revelada. É o que torna impossível desviar a atenção – o espectador vai continuar assistindo até o fim, por não conseguir se desvincular da curiosidade. Quando isso é alcançado, a primeira parte está completa, e a informação pode ser transmitida no segundo momento.

A segunda parte da história corresponde ao corpo do e-mail, ao desenvolvimento de uma palestra ou ao miolo de uma conversa. Nesse momento, você deve comunicar aquilo que deseja transmitir ao seu público. Retornando à estrutura fundamental de uma narrativa – entreter, informar e instigar –, esse princípio se aplica igualmente aqui.

Uma vez que o público tenha sido atraído e se conectado com a história, você pode avançar para a comunicação da mensagem central. Este é o momento de explicar o valor do que você oferece, de como seu produto ou ideia pode melhorar a vida da pessoa, seja limpando melhor suas roupas, fazendo ela mais forte, tornando-a mais inteligente ou oferecendo maior proteção contra roubos. Assim, nesta segunda parte, a maior parte do conteúdo da história será apresentada.

O grande desafio dessa etapa é manter o público engajado ao longo do desenvolvimento. Uma vez que você tenha despertado a curiosidade, há o risco de a narrativa se tornar monótona, sem variações que mantenham o interesse do espectador. No contexto cinematográfico ou jornalístico, isso é

168 | O guia definitivo para empreender com sucesso

frequentemente referido como "a barriga" da história – o momento em que, embora o conteúdo seja importante, a falta de elementos que engajem pode resultar em uma sensação de estagnação e gerar desinteresse.

Por isso, é fundamental manter o envolvimento do público durante esse período. Existem várias estratégias para isso. Por exemplo, você pode utilizar alívios cômicos: pequenas interrupções que quebram a tensão e trazem um tom mais leve à narrativa. No entanto, se o humor não for adequado ou se você não se sentir confortável com essa abordagem, outras formas de surpreender podem ser igualmente eficazes.

Uma técnica interessante é introduzir curiosidades ou dados inesperados. Por exemplo, você pode mencionar algo como: "Curiosamente, há 500 anos, neste mesmo local, ocorreu um evento semelhante." Essa informação pode ser fascinante para o público, que a verá como algo novo e enriquecedor. Da mesma forma, você pode fazer referências ao futuro, como, por exemplo: "Neste exato local, dentro de alguns anos, acontecerá a Conferência Mundial X, com a presença de figuras importantes." Elementos de surpresa, sejam eles relacionados ao passado ou ao futuro, são essenciais para manter o público cativado.

Às vezes, uma leve desestabilização também pode ser eficaz. Ao conduzir a audiência por um caminho que ela acredita ser previsível, você pode introduzir uma reviravolta, fazendo com que se sintam inseguros, apenas para em seguida retornar à segurança, quando já estiverem mais envolvidos. Essa sensação de incerteza pode ser importante para manter o interesse do público, pois cria a necessidade de acompanhar a narrativa até o final.

Apresentações em público e método de vendas | **169**

Porém, é fundamental que esses recursos – alívios cômicos, surpresas, dados históricos ou reviravoltas (*plot twists*) – sejam utilizados na medida certa. Existe uma expressão que diz que "a diferença entre o veneno e o remédio é a dose", e isso é especialmente relevante em uma narrativa. O uso excessivo de qualquer um desses elementos pode prejudicar a fluidez da história. O objetivo é garantir que o público se sinta confortável e disposto a continuar, sem se distrair com as mudanças de tom ou ritmo.

Pessoalmente, costumo comparar esse equilíbrio a uma dança. Ao se comunicar com seu público, você precisa ter um ritmo, de modo que a interação flua naturalmente. Imagine uma música de rock que, no meio da melodia, introduz brevemente uma passagem suave de bolero ou um toque de violino. No entanto, se o violino tomasse conta da música por todo o tempo, ela perderia sua essência. Da mesma forma, você deve criar elementos que mantenham o público entretido, mas sem comprometer sua mensagem principal, seu estilo ou seu objetivo. A chave é manter o equilíbrio, permitindo que sua "dança" cative a audiência enquanto segue o seu propósito.

Depois de transmitir o seu conteúdo, você tem que fechar a história. É chegado o momento máximo de buscar seu objetivo, seja ele conquistar um voto ou vender um produto. É aqui que você vai tentar emocionar o público que está assistindo a sua história, que vai apoiar a sua causa, a sua ONG, o seu projeto que vai mudar a realidade de tantas pessoas. O fechamento é o seu objetivo final.

Costumo comparar o fechamento de uma história à última garfada de uma refeição. Aquela que reservamos para o final, por ser a mais saborosa e aguardada. E não se trata apenas de uma preferência infantil: os adultos também cultivam esse momento de prazer. Durante a refeição, comemos, mas deixamos algo especial no canto do prato, algo que sabemos que será a cereja do bolo, o toque final que nos fará sair do restaurante com a sensação de satisfação. O fim da sua história deve ser exatamente assim: prazeroso, impactante e desejado, como aquela última garfada que nos deixa com um gostinho inesquecível.

Se a história é bem construída, essa é a parte que o público aguarda com expectativa, o clímax que emociona, inspira, inquieta ou provoca uma reflexão profunda. Você provavelmente já assistiu a um filme que, ao chegar ao seu desfecho, o deixou incomodado, inquieto, e talvez até com raiva, mas, quando alguém perguntou se era bom, você respondeu: "Sim, é excelente, mas estou até agora incomodado com ele." Embora o filme não tenha sido agradável da maneira convencional, ele mexeu com você. Ele provocou uma mudança, o fez refletir.

Da mesma forma, a conclusão de uma história deve ter o poder de provocar uma reação no público. Seja motivando e estimulando alguma ação, como a compra de um produto, ou gerando um desconforto que desperte uma reflexão. No entanto, é importante entender que a conclusão não deve ser encarada como uma definição ou um ponto final. O termo "definir" está relacionado à ideia de *dar fim*, de concluir de maneira definitiva. No contexto de uma boa história, a conclusão não é um término, mas sim uma porta aberta que prepara o terreno para um novo despertar, um novo ponto de partida.

Quando você chega ao final de uma boa história, a sensação que deve permanecer é a de querer mais. Se, ao concluir este livro, você pensar "Que interessante, será que Eduardo escreverá outro livro em breve?", então meu objetivo terá sido cumprido. Toda boa história deve deixar um gostinho de curiosidade, um impulso para que o público queira seguir explorando aquele tema.

É por isso que filmes de grande sucesso, como *Star Wars*, *O poderoso chefão* e *Tropa de elite*, apenas para citar alguns, frequentemente ganham continuações. O espetáculo chega ao fim, mas o público ainda deseja mais. O sucesso de um produto gera um ciclo, levando à criação de novos conteúdos. É o filme que, quando termina, ninguém quer sair da cadeira, o discurso que deixa a audiência com a vontade de saber mais, de procurar o palestrante para continuar a conversa.

Isso também acontece com livros. Quando terminamos de ler uma obra de qualidade, frequentemente nos sentimos impulsionados a buscar outras obras do autor. Dan Brown, por exemplo, autor de *O código Da Vinci*, viu suas vendas aumentarem à medida que os leitores, encantados por seu sucesso literário, buscaram seus outros livros. O mesmo ocorreu com Paulo Coelho, cujo *O alquimista* fez grande sucesso em todo o mundo, impulsionando a venda de *Diário de um mago*, lançado no ano anterior. A explicação é simples: os leitores, ao se apaixonarem por uma obra, buscam avidamente conhecer outras produções do autor. Sua apresentação é a porta que despertará o interesse das pessoas sobre o que mais você tem a oferecer.

Uma boa história, ao final, não apenas conclui uma jornada, mas deixa uma abertura para o público seguir em frente, para

172 | O guia definitivo para empreender com sucesso

continuar a busca por mais conhecimento, mais reflexão ou mais entretenimento.

A estrutura de uma história

1ª parte: a captura da atenção

Nesta primeira parte da história, que corresponde aos primeiros minutos de uma palestra, as primeiras linhas de um e-mail ou os primeiros slides de uma apresentação, você deverá convencer sua audiência de que vale a pena ficar com você até o final. É quando situa a audiência no tempo e no espaço e insere algum elemento que desperte o seu interesse. Existem várias maneiras de "catalisar" essa atenção, por exemplo, deixando uma pergunta no ar que será respondida adiante. Uma pergunta relevante, angustiante, que, enquanto não for respondida, não trará paz a quem está acompanhando a história.

2ª parte: a transmissão da informação

Corresponde, em termos de tempo e conteúdo, à maior parte da história. É nesta parte que as informações que você deseja passar serão transmitidas. O desafio aqui é manter sua audiência entretida, conectada e, para isso, é importante evitar um caminho linear, com um só tom (*monótona*). Existem vários recursos para isso. Alívios cômicos, surpresas, curiosidades históricas, visitas ao

Apresentações em público e método de vendas | 173

passado e especulações sobre o futuro. Tudo isso sem errar a dose, voltando sempre para a história, e sem perder o ritmo da dança com a audiência.

3ª parte: o fechamento

É a "última garfada" do prato. Uma boa história é aquela que faz a audiência ansiar por chegar ao fechamento. É a parte que emociona, inspira, incomoda, angustia, mexe com a gente. É a conclusão que, paradoxalmente, não esgota o assunto. Isso porque uma boa história deixa uma sensação de "quero mais". É o filme que, quando termina, deixa a gente com vontade de permanecer na cadeira do cinema mais um tempo, em vez de ir embora logo. É o discurso que, quando acaba, nos motiva a ir até o orador para saber mais sobre a história. É o livro que, quando termina, nos faz buscar na internet outras obras do autor. Uma história que consegue isso teve sucesso.

Vamos agora explorar a melhor forma de organizar o conteúdo de uma apresentação, levando em consideração a sua duração. Para isso, é importante relembrar as três partes essenciais de uma palestra: na primeira, você deve situar e instigar a audiência; na segunda, transmitir a informação; e, na terceira, concluir de maneira impactante.

De maneira prática, uma palestra geralmente tem cerca de 50 minutos. Esse tempo é similar ao de uma sessão de terapia ou a duração de um jogo de futebol, contando com os acréscimos.

174 | O guia definitivo para empreender com sucesso

Estudos indicam que, no passado, conseguíamos manter nossa atenção, em média, por cerca de 50 minutos. Contudo, atualmente, o tempo de atenção tem diminuído bastante. Esse fenômeno deu origem ao conceito de *microlearning* – ou microaprendizado –, em que o conteúdo é dividido em unidades curtas, muitas vezes com duração de apenas dois ou três minutos. Cursos on-line, por exemplo, com frequência apresentam aulas de até seis minutos, já que poucos têm paciência para se concentrar por mais tempo.

Apesar disso, o tempo de 50 minutos ainda é um referencial para a duração de apresentações, documentários informativos e programas televisivos. Então, como estruturar uma palestra de 50 minutos? A resposta está em dividir esse tempo de forma estratégica.

Nos primeiros minutos (eu costumo usar 5 minutos como referência), o objetivo é fisgar a atenção do público. Esse é o momento de situar a audiência, explicando de maneira clara e envolvente por que vale a pena prestar atenção naquilo que está sendo dito, ao invés de se distrair com o celular ou com outros estímulos. A primeira parte da palestra serve para gerar essa conexão inicial.

Nos 30 minutos seguintes (é apenas uma referência, podendo ser um pouco mais ou menos), você deve focar na transmissão da informação. Este é o momento de aprofundar-se no conteúdo, demonstrar como o processo funciona, detalhar o que for relevante para o tema. Esta é verdadeiramente a sua "aula".

Nos minutos finais (de 10 a 15 como referência), você constrói o clímax da sua palestra, transmitindo as ideias finais e

Apresentações em público e método de vendas | 175

deixando a mensagem principal que deseja com o público. Esse é o momento de concluir de forma impactante e ao mesmo tempo instigar a audiência, reforçando o motivo pelo qual o conteúdo discutido é relevante e importante.

Assim, ao estruturar sua apresentação, é essencial considerar esses momentos de fisgar, informar e concluir de maneira eficaz, respeitando o ritmo e a atenção do público ao longo do tempo que você tiver disponível.

Gráfico 7
Como divido o tempo de minhas palestras

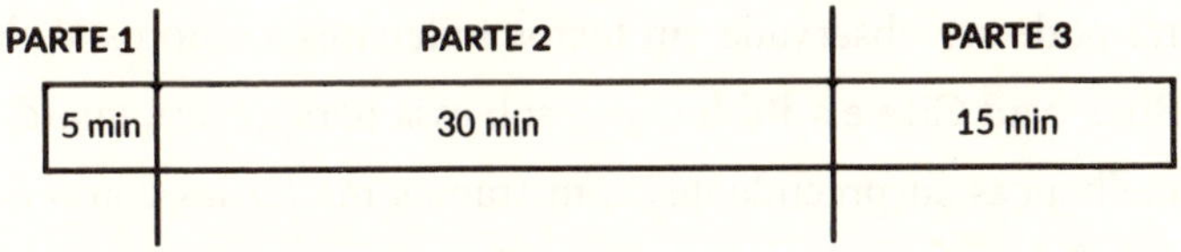

PARTE 1	PARTE 2	PARTE 3
5 min	30 min	15 min

Uma excelente fonte de aprendizado para construir boas histórias é compreender os elementos que tornam um filme bem-sucedido, e podemos fazer isso observando o que algumas das histórias mais marcantes do cinema têm em comum. Entre vários exemplos possíveis, podemos destacar *blockbusters* como *Indiana Jones, Rocky, Star Wars, O senhor dos anéis* e *Alice no País das Maravilhas*. Essas narrativas não apenas entretêm, mas estabelecem uma conexão tão intensa com o público que este se identifica profundamente com os personagens. Quem nunca saiu de uma sessão de cinema de *Rocky Balboa* sentindo-se inspirado, ensaiando golpes no ar? Viu crianças que, após assistirem a *Homem-Aranha*, tentam imitar os movimentos do herói subindo

176 | O guia definitivo para empreender com sucesso

as grades na saída do cinema? Ou namorados que após assistirem uma bela história de amor fazem declarações apaixonadas um para o outro. É impressionante o impacto dessas histórias na imaginação coletiva.

Mas o que faz com que nos envolvamos tanto com essas narrativas? Existiria uma estrutura comum que explique essa identificação universal?

O estudioso **Joseph Campbell** (1904-1987) dedicou grande parte de sua vida ao estudo das mitologias e descobriu que, mesmo em civilizações distantes e sem contato entre si, muitas histórias seguiam padrões semelhantes. Essa recorrência estrutural pode ser observada em textos milenares, como os **Vedas**, o **Bhagavad Gita** e a **Bíblia**, que, sob essa perspectiva, guardam semelhanças surpreendentes com tramas modernas como *Star Wars*. É fascinante notar, por exemplo, como a história de **Buda** ecoa a trajetória de **Cristo**, que, por sua vez, compartilha elementos estruturais com a jornada do lutador Rocky Balboa e do explorador Indiana Jones.

Esse fenômeno está diretamente relacionado ao **arquétipo do herói**, conceito da psicologia que descreve imagens e símbolos universais presentes no inconsciente coletivo da humanidade. O trabalho de Campbell é essencial para mergulharmos nesta investigação e compreender os mecanismos que regem a natureza humana e a maneira como nos conectamos com as histórias. Em sua obra *O herói de mil faces*, ele descreve a chamada **jornada do herói**, um ciclo narrativo composto por fases recorrentes em mitos, lendas e ficções populares. A semelhança desse percurso em culturas distintas sugere que o arquétipo do herói faz parte da experiência humana universal.

Diante dessa importância, exploraremos aqui as etapas dessa jornada descrita por Campbell.

Toda grande história inicia-se no **mundo comum**, o ambiente habitual do protagonista antes da aventura. **Indiana Jones**, por exemplo, é um professor universitário cuja rotina acadêmica beira o tedioso – a ponto de seus alunos bocejarem em sala de aula. **Rocky Balboa** é um lutador sem reconhecimento, almejando há anos sem sucesso um lugar de destaque. **Luke Skywalker** vive perdido em uma existência comum e sem grandes propósitos. **Alice**, de *Alice no País das Maravilhas*, sente-se deslocada em meio a uma família que não a compreende. Esse estágio inicial é crucial porque torna o herói uma figura acessível: ele é um indivíduo comum, enfrentando inseguranças e desafios semelhantes aos nossos. Assim, sua jornada nos desperta empatia, pois reflete nossas próprias dúvidas e medos. Afinal, heróis não nascem heróis – eles emergem de circunstâncias ordinárias.

Em seguida, ocorre o **chamado à aventura**, um evento que rompe a normalidade e incita o protagonista a embarcar na jornada. Esse catalisador pode assumir diversas formas: um acontecimento inesperado, um desafio inescapável ou um mistério intrigante. Indiana Jones, por exemplo, é convocado por sua expertise em arqueologia, assim como **Robert Langdon** por seu conhecimento dos símbolos, em *O código Da Vinci*. Rocky Balboa recebe o convite para enfrentar o campeão mundial de boxe. Luke Skywalker descobre sua ligação com os jedi. Esse momento

178 | O guia definitivo para empreender com sucesso

marca a transição entre a vida comum e o desconhecido, forçando o herói a encarar uma realidade transformadora.

No entanto, quase nunca o chamado é aceito de imediato. Afinal de contas, assim como nós, o herói sente medo, hesita ou mesmo recusa a oportunidade, caracterizando a fase da **recusa do chamado**. Essa resistência é natural e reforça a verossimilhança da narrativa: quem, sem uma confiança absoluta em suas habilidades, aceitaria um desafio grandioso sem hesitação? Rocky Balboa, por exemplo, inicialmente rejeita a luta contra o campeão mundial, temendo não estar à altura do desafio. Essa incerteza fortalece a conexão do público com o personagem, pois reflete nossas próprias reações diante do desconhecido.

O passo seguinte é o encontro com o **mentor**, figura que orienta o herói e o prepara para sua jornada. Em algumas narrativas, essa ajuda assume uma forma sobrenatural – uma visão, uma mensagem simbólica ou uma intervenção inexplicável. Esse momento representa um ponto de virada, onde o protagonista recebe o impulso necessário para aceitar seu destino. Ele aceita o chamado!

Ao aceitar o chamado à aventura, o herói inicia sua preparação para os desafios que virão. No entanto, esse processo exige mais do que treinamento ou planejamento: implica deixar para trás a realidade ordinária. Nesse momento, ele cruza o **ponto de não retorno**.

Esse marco simboliza a transição definitiva entre o mundo comum e o mundo extraordinário, o universo onde a jornada de fato se desenrola. A partir desse momento, não há caminho de volta. O herói deve seguir adiante, enfrentar seu oponente, decifrar

Apresentações em público e método de vendas | **179**

o enigma ou encontrar a saída do labirinto em que foi lançado. Esse portal que se abre representa a passagem para uma nova realidade, repleta de desafios, aliados e inimigos.

Uma vez dentro desse novo mundo, o protagonista se depara com provações constantes. Ele precisa aprender suas regras, adaptar-se e encontrar aqueles que o ajudarão – ou que tentarão impedir seu avanço. No caso de **Rocky Balboa**, por exemplo, ao atravessar esse limiar, ele percebe que o treinamento necessário para vencer o campeão mundial será exaustivo. Dúvidas o assaltam: **"Como vou suportar isso? Quem estará ao meu lado? Em quem posso confiar?"** Logo, surgem figuras ambíguas – alguns parecem amigos, mas o traem; outros oferecem auxílio apenas para atender a seus próprios interesses. Essa fase é marcada pela incerteza e pela instabilidade, um território desconhecido onde o herói precisa lutar constantemente para se manter de pé.

À medida que avança, o herói se **aproxima de seu objetivo**. Finalmente, começa a vislumbrar uma saída para os obstáculos que o cercam. Há um lampejo de esperança: o herói acredita na vitória e sente que está prestes a alcançá-la. No entanto, é nesse momento que ocorre a **provação mais árdua**, o ponto de virada que coloca tudo em risco.

Aqui, Campbell identifica **o momento da queda** – um obstáculo inesperado, uma derrota esmagadora, um golpe que parece irreversível. O espectador sente a tensão: tudo estava a um passo da resolução, mas, de repente, o destino do herói é colocado em xeque. Esse é o instante em que o público se angustia, crianças cobrem os olhos e adultos prendem a respiração. O herói, ferido e fragilizado, precisa reunir suas últimas forças para continuar.

180 | O guia definitivo para empreender com sucesso

Mas ele resiste. Supera o medo, a dor e a incerteza. E então vem a recompensa. Rocky Balboa, depois de cair junto com Apollo Creed, consegue se erguer a tempo. Daniel San, mesmo com a perna ferida, executa o golpe que aprendeu com o sr. Miyagi e vence o torneio. Luke Skywalker, mesmo após perder um braço, derrota Darth Vader. Indiana Jones, à beira da morte, encontra uma maneira de sobreviver. A vitória acontece no momento mais crítico, quando tudo parecia perdido e o herói recebe **a recompensa**.

É natural, ao perceber esses padrões narrativos, exclamar: "Todos seguem a mesma estrutura!" De fato, a jornada do herói é uma matriz fundamental da narrativa. Contudo, grandes histórias não apenas a reproduzem – muitas a desconstroem para surpreender o público. Mas, espere, que a jornada do herói ainda não está concluída. Isso porque a vitória não encerra a trama. Mesmo após conquistar a recompensa, a história continua, porque ainda há um caminho de volta a ser percorrido: o **retorno ao mundo comum**.

Em *O senhor dos anéis*, por exemplo, **Frodo** atravessa diversas realidades antes de retornar à sua terra natal. Ele não é mais o mesmo hobbit que partiu no início da jornada. Sua transformação, assim como a de tantos heróis, é o verdadeiro triunfo. *A grande vitória não reside na derrota do inimigo, mas na mudança interior que o protagonista experimenta ao longo do percurso.*

No entanto, antes de concluir sua jornada, o herói tem que encarar um **último desafio**. Quando tudo parece resolvido, quando ele já está prestes a reencontrar seu povo, sua gente, surge um novo teste, um último obstáculo que reafirma sua vitória e aprendizado. Esse desfecho mantém o público em suspense, adiando a resolução definitiva e criando um impacto emocional ainda mais profundo.

Agora, porém, a diferença é clara: o herói não é mais o mesmo. Ele já compreendeu as lições da jornada, **internalizou** seu aprendizado e, ao enfrentar esse último desafio, prova que está verdadeiramente transformado. Apenas então sua missão é concluída. Ele **retorna ao seu mundo**, vitorioso, não apenas por ter superado os inimigos, mas por ter se tornado alguém maior do que aquele que partiu. É recebido com celebração, **pois sua verdadeira conquista não é um troféu ou uma medalha, mas a metamorfose interior que sua jornada lhe proporcionou.**

As etapas da jornada do herói

Mundo comum

O herói ainda é nesta fase uma pessoa comum. É a fase que torna o herói empático, onde vemos que é alguém como nós, com seus medos, dúvidas e obstáculos.

O chamado à aventura

É o catalizador da sua jornada. É um acidente, um evento inesperado ou um problema que se apresenta ao herói e o desafia a uma aventura.

A recusa do chamado

O herói sente medo ou dúvida e recusa (ou demora a aceitar) o desafio. Esta reação nos conecta ao herói, gera empatia, identificação.

Encontro com o mentor ou ajuda sobrenatural

O herói encontra um mentor ou tem contato com algo que transcende o humano e aceita o chamado. É nesta fase que se prepara (treina) para sua aventura ou desafio.

Cruzamento do primeiro portal

O herói abandona o mundo comum para entrar no mundo especial, mágico. É o ponto de não retorno, onde a partir dali só resta ir até o final da jornada.

Provações, aliados e inimigos

O herói enfrenta testes, dificuldades, dor, e nesta caminhada encontra aliados e inimigos, aprendendo as regras e o funcionamento do mundo especial.

Aproximação do objetivo

O herói tem êxitos durante as provações, começa a ter sucesso e a acreditar na vitória.

Provação difícil ou traumática

O tombo, a maior crise da aventura, quando a vida do herói fica por um fio.

Recompensa

O herói enfrentou sua maior dificuldade, após flertar com a derrota (ou a morte), vence seu medo e seu adversário e ganha a recompensa.

O caminho de volta

O herói deve voltar para o mundo comum de onde veio. O caminho da volta é a fase em que ele reflete sobre seus novos valores e sobre o que aconteceu.

Ressurreição do herói

Quando tudo parece resolvido e o herói está prestes a reencontrar seu povo, é surpreendido com um último teste no qual enfrenta mais uma vez a morte, e deve usar tudo o que foi aprendido.

Retorno transformado

O herói finalmente completa sua missão e volta para casa transformado, vitorioso, com o objeto sagrado em suas mãos, e é recebido com alegria por todos.

Por mais surpreendente que pareça, essa mesma lógica da jornada do herói pode ser aplicada na criação de uma apresentação de produto ou na elaboração de um argumento de venda. Ainda que, à primeira vista, não pareça haver conexão entre *storytelling* e estratégias comerciais, o princípio fundamental é o mesmo: envolver, informar e instigar.

Ao escrever um e-mail persuasivo ou estruturar uma apresentação, você não precisará categorizar rigidamente cada fase da jornada ou identificar explicitamente um herói. No entanto, será essencial criar um fluxo narrativo que mantenha a audiência engajada do início ao fim. A informação precisa ser transmitida de forma envolvente, provocando a curiosidade e o interesse

184 | O guia definitivo para empreender com sucesso

do público. Esses princípios são amplamente discutidos no livro *O animal social*, de **Elliot Aronson**, assim como em outras obras da psicologia social, cujos estudos demonstram o impacto de uma narrativa bem construída na mudança de percepção e comportamento.

Mas o que a ciência nos ensina sobre como contar histórias de maneira eficaz?

Agora, entramos em uma abordagem mais prática – um conjunto de técnicas que podem ser aplicadas não apenas em apresentações profissionais, mas também no cotidiano, desde reuniões de trabalho até a educação escolar. Aliás, falta ao sistema educacional brasileiro incentivo a vivências de debates, diferentemente de outros países, onde estudantes participam de simulações de conferências e seminários desde muito novos. Essa prática os ensina a argumentar, negociar e persuadir – habilidades essenciais em um mundo cheio de conflitos e competições. O domínio das técnicas da comunicação persuasiva é uma ferramenta valiosa, não importa a área de atuação.

Dentre as estratégias comprovadas para uma comunicação eficaz, um ponto merece destaque: o impacto dos exemplos concretos em comparação às estatísticas. Esse tema, amplamente explorado no capítulo 5 sobre economia comportamental, merece ser reforçado aqui. Pesquisas indicam que relatos individuais e experiências reais costumam ser muito mais eficazes do que números e dados abstratos quando o objetivo é mudar a opinião de alguém.

Por isso, ao construir um argumento persuasivo, recorrer a exemplos reais é uma estratégia poderosa. Quando uma história

Apresentações em público e método de vendas | 185

é ancorada em uma experiência concreta – mesmo que isolada –, ela gera maior conexão emocional com o público. Isso explica, por exemplo, a crescente popularidade de filmes baseados em fatos reais. O público se sente mais envolvido quando há um elemento autêntico na narrativa. No entanto, essa abordagem exige responsabilidade: ao utilizar um caso real para ilustrar um ponto, é importante considerar os impactos emocionais e éticos dessa escolha.

Outro aspecto relevante na construção de argumentos persuasivos é a forma como os contrapontos são apresentados. Suponha que você esteja diante de uma plateia que já possui conhecimento prévio sobre o tema que está abordando e que, possivelmente, tem opiniões divergentes. Nesse cenário, o que seria mais eficaz? Expor apenas seu argumento principal ou antecipar e rebater os contra-argumentos que provavelmente surgirão?

A resposta depende do nível de conhecimento sobre o assunto por parte da audiência. Estudos demonstram que, **quanto mais bem-informado for o público, mais eficaz será a abordagem que apresenta os dois lados do debate.** Por exemplo, se você está ministrando um curso de educação financeira para profissionais do setor bancário ou para investidores experientes, faz sentido incluir os argumentos contrários à sua posição e explicitar as razões pelas quais você discorda deles. Essas pessoas já tiveram contato com diferentes perspectivas sobre o tema e, portanto, considerar apenas um lado da questão pode parecer superficial ou tendencioso.

186 | O guia definitivo para empreender com sucesso

Por outro lado, se a apresentação for voltada para um público menos letrado no assunto, expor imediatamente os contra-argumentos pode ser contraproducente. Nesse caso, a inclusão de múltiplos pontos de vista pode gerar confusão ou distração, dificultando a assimilação da ideia central. Para audiências que ainda não possuem um repertório consolidado sobre o tema, o ideal é apresentar uma linha de raciocínio clara e direta, permitindo que absorvam o conteúdo sem sobrecarga de informações.

Essas nuances demonstram que a eficácia da comunicação não depende apenas do conteúdo transmitido, mas da maneira como ele é estruturado e da adaptação à audiência. Contar uma história, seja em um discurso, uma negociação ou uma apresentação de vendas, não se trata apenas de compartilhar informações, mas de conduzir a audiência por uma jornada envolvente e persuasiva.

COMO ESTRUTURAR A ORDEM DE UMA PALESTRA?

Ao planejar uma apresentação, um dos maiores desafios é organizar a sequência das informações de maneira envolvente e eficaz. Qual deve ser a distribuição dos temas ao longo da palestra? O assunto mais importante deve ser apresentado no início ou no final?

Se considerarmos que a atenção do público tende a diminuir com o tempo, pode parecer uma boa estratégia trazer as informações mais relevantes logo no começo. No entanto, concentrar todo o conteúdo impactante no início pode fazer com que

Apresentações em público e método de vendas | 187

a apresentação perca força e se torne monótona no decorrer do tempo. O segredo está no equilíbrio: garantir que os momentos de maior atenção do público sejam bem aproveitados, mas sempre guardando algo valioso para o desfecho – como uma última garfada memorável.

A ciência reforça esse princípio. Diversos estudos indicam que **a primeira impressão tem um impacto duradouro**. Assim, o primeiro assunto abordado em uma palestra será o que mais influenciará a opinião da audiência. Além disso, dentro de um mesmo argumento, as frases iniciais exercem maior poder de persuasão. Isso significa que, embora não devamos esgotar a apresentação logo no começo, a **tese central** – a mensagem principal que queremos fixar na mente do público – precisa ser introduzida desde o início.

Os momentos finais, por sua vez, devem consolidar essa ideia e apresentar aplicações práticas que sustentem a tese inicial. Dessa forma, a audiência não apenas compreende o conceito, mas também enxerga como pode aplicá-lo no seu dia a dia.

Outro aspecto essencial ao estruturar uma apresentação é a escolha do momento certo para abordar **temas sensíveis ou polêmicos**. Introduzir um assunto controverso logo no início pode gerar resistência e afastar parte da audiência. Uma vez que alguém desenvolve antipatia por um palestrante, tende a buscar inconscientemente justificativas para reforçar essa impressão negativa ao longo de toda a palestra.

Por isso, **conquistar a atenção e a confiança do público antes de introduzir temas polêmicos é a estratégia mais eficaz**. Se for necessário abordar um tópico sensível, o ideal é reservá-lo

188 | O guia definitivo para empreender com sucesso

para a parte final da apresentação, quando a audiência já estiver envolvida e mais receptiva. Essa precaução é especialmente importante em um ambiente no qual opiniões polarizadas podem ser inflamadas com facilidade.

Em eventos que reúnem vários palestrantes, surge outra questão importante: **é melhor ser o primeiro ou o último a falar?**

A resposta está em dois fenômenos psicológicos amplamente estudados:

- **Efeito de primazia (*primacy effect*)**: temos maior facilidade para compreender e reter as primeiras informações que nos são apresentadas.
- **Efeito de recência (*recency effect*)**: tendemos a lembrar mais daquilo que foi dito por último, pois a memória recente não sofre interferência de outros conteúdos.

A escolha do melhor momento para palestrar depende do tipo de mensagem que se deseja transmitir. Se o conteúdo for complexo, técnico ou exigir uma base de conhecimento prévia, é mais vantajoso estar entre os primeiros palestrantes, garantindo que a audiência ainda esteja mentalmente fresca e preparada para absorver conceitos mais densos. Por outro lado, se a palestra for motivacional, inspiradora ou emocionalmente impactante, posicionar-se no final pode ser mais eficaz, pois essa será a última impressão deixada no público.

Além de organizar os temas de maneira estratégica, é essencial evitar o que a psicologia chama de **efeito diluição**. Esse

Apresentações em público e método de vendas | **189**

fenômeno ocorre quando informações irrelevantes são inseridas na apresentação, reduzindo o impacto da mensagem principal. O excesso de conteúdo desnecessário pode sobrecarregar a audiência e tornar a apresentação cansativa.

Muitas vezes, há uma tentação de incluir mais tópicos apenas para demonstrar conhecimento ou fazer a palestra parecer mais longa. No entanto, essa abordagem pode ser prejudicial. Uma boa estratégia é visualizar a atenção do público como um recurso limitado: se uma palestra abrange dez temas diferentes, a audiência dividirá sua atenção entre todos eles. Se apenas um desses temas for realmente importante, ele receberá uma fração reduzida da atenção. **É mais eficaz concentrar-se no que realmente importa e garantir que esse ponto seja absorvido com profundidade.**

O USO ESTRATÉGICO DE SLIDES

O uso de recursos visuais pode ser um grande aliado em uma apresentação, mas é necessário seguir alguns princípios básicos para que os slides complementem, e não atrapalhem, a comunicação.

Quatro regras fundamentais devem ser observadas:

1. **Design visual agradável** – slides devem ser visualmente atraentes e profissionais.
2. **Organização clara e lógica** – o conteúdo deve ser facilmente compreendido, sem sobrecarga de informações.

190 | O guia definitivo para empreender com sucesso

3. **Pouco ou nenhum texto** – apresentações excessivamente textuais tornam-se cansativas e desviam a atenção do palestrante.
4. **Número reduzido de slides** – um excesso de telas pode dispersar a audiência e comprometer a fluidez da palestra.

Muitas vezes, há confusão entre palestras e aulas. Em um ambiente acadêmico, slides podem conter mais informações, pois também servem como material de estudo complementar. No entanto, em eventos ou apresentações públicas, a prioridade deve ser manter o foco na mensagem do palestrante, sem distrações visuais desnecessárias.

Além disso, é importante lembrar que **o palestrante disputa a atenção do público com os slides**. Se o conteúdo visual for muito denso, pode acabar ofuscando a fala. Uma solução eficaz é utilizar slides para reforçar pontos específicos, sem competir com a apresentação oral.

Por exemplo, uma técnica eficiente é iniciar a palestra sem slides, conduzindo a audiência apenas com a narrativa. Em seguida, introduzir elementos visuais para ilustrar momentos-chave. Imagine que você esteja contando uma história pessoal:

- No momento em que menciona sua primeira bicicleta, um slide exibe a foto dela.
- Quando fala sobre uma pessoa que mudou sua vida, a imagem dessa pessoa surge na tela.
- Se narra um evento marcante, como um encontro com uma figura importante, a foto desse momento aparece exatamente quando a audiência já está imersa na narrativa.

Esse tipo de abordagem mantém o envolvimento do público e utiliza os slides **como um complemento, não como um substituto** da fala.

Em alguns casos, um recurso visual pode ser determinante para consolidar a credibilidade do palestrante. Suponha que você esteja contando uma história impactante, mas que parece difícil de acreditar. No momento certo, uma única imagem pode gerar o efeito "uau", tornando a experiência mais tangível e memorável para a audiência. Eu, por exemplo, quando conto do meu encontro com a rainha da Inglaterra, uso o slide que nos mostra juntos, caso contrário acho que muitos não acreditariam.

Resumindo, a eficácia de uma palestra não depende apenas do conteúdo, mas da maneira como ele é estruturado e apresentado. A escolha da ordem dos temas, a distribuição da atenção ao longo do tempo e o uso adequado de recursos visuais são fatores essenciais para manter a audiência engajada e garantir que a mensagem principal seja absorvida.

Uma apresentação bem planejada deve:

- Introduzir a tese principal logo no início, aproveitando o impacto da primeira impressão.
- Construir um desenvolvimento envolvente, equilibrando momentos de maior e menor carga informativa.
- Reservar o desfecho para reforçar a ideia central e, se necessário, abordar temas mais sensíveis quando a confiança já estiver estabelecida.
- Evitar informações desnecessárias que diluam a mensagem principal.

192 | O guia definitivo para empreender com sucesso

- Utilizar slides de forma estratégica, garantindo que complementem, e não distraiam, a audiência.

Ao aplicar esses princípios, qualquer apresentação pode se tornar mais clara, envolvente e impactante.

O que diz a ciência sobre como contar histórias

Exemplos reais ou estatísticas?
Estudos mostram que exemplos reais, vivências e testemunhos assumem uma importância muito maior numa apresentação do que as estatísticas. Mais do que isso, costumam ser decisivos no processo de formação de opinião.

Mostrar um lado da moeda ou os dois?
Quando estamos expondo algum assunto e pretendemos convencer a plateia de nossa opinião, devemos apresentar nosso argumento isoladamente ou mostrar os contra-argumentos que existem? A resposta aqui não é simples. Depende muito do público que forma a audiência. Quanto mais bem-informado for o público, mais provável que seja persuadido por um argumento que seja exposto em conjunto com o outro lado da moeda.

A ordem de apresentação
Aqui vale a velha regra: a primeira impressão é a que fica. Não só o primeiro assunto apresentado é o que mais formará a opinião do público, como dentro de um assunto as

primeiras frases e palavras usadas na argumentação serão as mais influentes.

A ordem de uma palestra em relação às outras

Existem dois fenômenos que valem a pena ser mencionados aqui. O primeiro é o efeito conhecido como "primazia" (ou *primacy effect*). Ele nos ensina que temos uma facilidade maior de aprender o que é mostrado antes do que o que vem depois. Isso porque o que vem antes interfere na capacidade de aprender o que vem depois. No entanto, no que diz respeito ao fenômeno de retenção, nossa capacidade de guardar o que foi dito é maior em relação ao que vem depois.

A quantidade de informação

Devemos evitar adicionar informação que seja irrelevante ao que pretendemos demonstrar em nossas apresentações. Isso porque tais informações contribuem para o que é chamado de "efeito diluição", que consiste na perda de relevância do argumento principal quando outras coisas desconexas são apresentadas junto a ele. A velha estratégia de "encher linguiça" mais atrapalha do que ajuda quando o assunto é apresentar algo.

Os slides de uma apresentação

Devem ser bonitos e ordenados, com pouco (ou nenhum) texto. Devem ser poucos.

Lembre-se: você vai estar sempre disputando a atenção com o que está sendo projetado para a audiência.

194 | O guia definitivo para empreender com sucesso

Estamos nos aproximando do final deste livro. No próximo capítulo, compartilho reflexões baseadas em minha própria experiência, adquiridas ao longo da vida e aplicadas no meu dia a dia.

Embora muitos livros sejam construídos a partir de meros palpites e intuições, a base deste trabalho sempre foi a ciência. Aqui, o conhecimento foi apresentado de forma acessível e envolvente, com exemplos práticos e narrativas instigantes, mas sempre fundamentado em estudos e evidências. Ainda assim, acredito que a experiência pessoal também tem seu valor.

Não há aqui uma verdade absoluta, nem uma fórmula definitiva. O que apresentarei a seguir são as estratégias e técnicas que utilizo em minha vida e que, para mim, têm funcionado muito bem. Quero compartilhar essas lições com você, na esperança de que possam ser úteis em sua jornada.

7.
CONSELHOS DE EDUARDO MOREIRA
PARA QUEM QUER EMPREENDER

Este capítulo não está no final do livro por acaso. Diferentemente do que fazem muitos *coaches* e "gurus digitais", cujo foco está em dar conselhos superficiais, mentalizações e dicas genéricas, busco trazer uma abordagem fundamentada sempre na ciência. Perceba, conselhos podem sim ter grande valor, mas devem ser mais do que uma efêmera injeção de ânimo. Aliás, se eu não acreditasse no valor do aconselhamento, este capítulo sequer existiria. A questão não está apenas em oferecer conselhos, mas sim na qualidade e na fundamentação dessas orientações.

Como exploramos nos capítulos anteriores, a base deste livro reside em estudos científicos testados, replicados e aplicados em áreas como psicologia social, economia e negócios. Os conceitos apresentados neste livro são ensinados em cursos de MBA e outros programas de pós-graduação, sendo amplamente validados por experimentos acadêmicos. Cada ideia discutida até agora pode ser mensurada, aprimorada e aplicada de forma concreta.

Após seis capítulos dedicados à ciência dos negócios, este momento final abre espaço para um aspecto diferente: a experiência prática. Aqui, compartilho os princípios, valores e práticas que

196 | O guia definitivo para empreender com sucesso

aprendi ao longo da minha trajetória empreendedora – fruto de tentativas e erros.

Meu saudoso padrinho costumava brincar: **"Se conselho fosse bom, não se dava, vendia-se."** Mas, ainda assim, sempre fez questão de me aconselhar. Neste capítulo, não há verdades absolutas nem respostas definitivas. Se você discordar de algum ponto, ótimo. Cada pessoa carrega uma vivência distinta, interage de maneira diferente com os outros e tem objetivos próprios. O que apresento aqui não pretende ser uma regra universal, mas uma perspectiva pessoal sobre empreendedorismo que, espero, possa lhe ser útil.

EMPREENDER É RELACIONAR-SE

O empreendedorismo, antes de qualquer coisa, é um exercício de relacionamento. Independentemente do setor em que se atue, sempre haverá uma pessoa do outro lado: um cliente, um parceiro, um investidor ou um colaborador. Seja por meio de uma transação direta ou por meio de plataformas, a essência dos negócios está na interação humana.

Por isso, minha primeira recomendação é clara: **evite ser desagradável**. Criar barreiras na comunicação pode comprometer o desenvolvimento de um negócio. O problema desse conselho é que raramente percebemos quando estamos sendo desagradáveis. Há um ditado que diz: **"O bom senso foi distribuído de maneira tão justa por Deus que todos acreditam ter recebido**

Conselhos de Eduardo Moreira para quem quer empreender | 197

o suficiente." Da mesma forma, ninguém se vê como alguém difícil de lidar, mas essa percepção, muitas vezes, não corresponde à realidade.

Ser agradável não se resume a ser simpático, engraçado ou extrovertido. Também não significa ser uma pessoa magnética, que atrai a atenção e o interesse de todos ao seu redor. Claro, alguém pode ser agradável e, ao mesmo tempo, possuir essas qualidades. No entanto, agradabilidade não se define por traços de personalidade específicos, mas sim pela capacidade de não ser evitado.

O verdadeiro problema surge quando você se torna a pessoa de quem os outros querem manter distância – aquele contato que desperta os seguintes pensamentos: **"Tomara que não apareça no visor do meu celular"**, **"Espero que não me ligue"** ou **"Vou ignorar essa mensagem".** No universo dos negócios, isso é fatal. Empreender é se relacionar, e a última coisa que você deseja é ser alguém de quem os outros querem fugir.

Mas o que torna alguém desagradável? As razões são inúmeras, mas algumas atitudes merecem atenção especial.

RESPEITE O TEMPO E O ESPAÇO DOS OUTROS

Um erro comum é presumir que as pessoas estão sempre disponíveis para ouvir o que temos a dizer. Quando nos comunicamos – seja para apresentar um projeto, vender um produto ou compartilhar uma ideia –, não sabemos em que contexto a outra pessoa está inserida. Ela pode estar enfrentando problemas

198 | O guia definitivo para empreender com sucesso

pessoais, dificuldades financeiras, desafios profissionais ou até mesmo um momento de exaustão mental.

Ao abordar alguém, especialmente em um contexto comercial, é essencial lembrar que **o interesse e a disposição do outro nem sempre coincidem com a nossa expectativa**. Por isso, a objetividade e a empatia são indispensáveis.

Um exemplo prático dessa consideração é a forma como utilizamos as mensagens de texto e áudios em aplicativos de comunicação. Mensagens extensas e áudios longos podem se tornar incômodos, especialmente para pessoas com agendas sobrecarregadas. Se alguém precisa se esforçar muito para ler sua mensagem, há um grande risco de que simplesmente a ignore.

Já recebi pelo celular áudios de quatro, cinco, até sete minutos de duração. A chance de que eu ouça algo tão longo é mínima. No meu caso, minha rotina envolve compromissos intensos: um dia posso estar autografando milhares de livros, no outro preparando aulas, conciliando trabalho com responsabilidades familiares. No entanto, quem me envia esses áudios não sabe disso. Ainda assim, a falta de tempo não é um problema exclusivo meu – é uma realidade para grande parte das pessoas.

O incômodo causado por mensagens longas é tão comum que algumas pessoas chegam a colocar avisos em seus status de aplicativos como "Não escuto áudios longos" ou "Evite mensagens extensas". Se sabemos que essa prática incomoda, por que insistir nela? No mundo dos negócios, onde a comunicação eficiente é essencial, não faz sentido criar barreiras desnecessárias.

Esse princípio não se aplica apenas às mensagens, mas a toda forma de interação. Um cliente pode perder o interesse em

NINGUÉM TEM A OBRIGAÇÃO DE RESPONDER A VOCÊ

seu produto apenas porque você se tornou insistente demais. Forçar um contato excessivo pode resultar no arquivamento do seu contato – o que, no mundo dos negócios digitais, significa o seu fim.

NINGUÉM TEM A OBRIGAÇÃO DE RESPONDER A VOCÊ

Outro erro frequente é a cobrança por respostas. Muitas vezes, insistimos em receber uma resposta imediata, sem considerar que o outro pode ter prioridades mais urgentes naquele momento.

É fundamental compreender que **ninguém tem a obrigação de responder uma mensagem ou de fechar um negócio com você**. Um empreendimento não se concretiza por mera insistência. Se, por pressão, alguém decide fechar um contrato ou realizar uma compra apenas para se livrar de uma abordagem excessiva, esse relacionamento comercial não será sustentável nem longevo. Na primeira oportunidade, esse cliente buscará outro fornecedor – e, pior, poderá compartilhar sua experiência negativa com outras pessoas.

A chave para evitar esse tipo de situação é respeitar o tempo e o interesse do outro. Se alguém não demonstra entusiasmo imediato pelo que você oferece, insistir de maneira agressiva pode ser prejudicial. Muitas vezes, a melhor abordagem é dar espaço para que a decisão ocorra naturalmente.

Sou de uma época em que, se alguém não quisesse atender o telefone, simplesmente deixava-o tocar. Era uma escolha. Hoje, com a comunicação instantânea, esse comportamento mudou.

200 | O guia definitivo para empreender com sucesso

As pessoas enviam mensagens e, ao perceberem que foram lidas – quando os dois traços azuis do WhatsApp aparecem, por exemplo –, rapidamente enviam um ponto de interrogação: *"E aí? Não vai responder?"*

A verdade é simples: o outro lhe responderá **se** e **quando** quiser responder.

Essa cobrança por uma resposta imediata pode ser muito prejudicial. Pessoalmente, sempre que alguém faz isso comigo, a sensação é de invasão, de desrespeito ao meu tempo e às minhas prioridades. Afinal, quem define quando e como vou responder sou eu, e não quem enviou a mensagem.

E, no meu caso específico, sequer sou eu quem lê todas as mensagens que recebo. Meu número de telefone se espalhou ao longo dos anos, foi compartilhado entre diversas pessoas, e hoje está na lista de contatos de milhares de pessoas. Com a visibilidade que possuo, recebo diariamente centenas de mensagens, tornando impossível responder a todas. Ainda assim, há quem se irrite pela ausência de resposta, como se houvesse uma obrigação nesse sentido.

Esse tipo de comportamento cria um bloqueio imediato. A insistência desnecessária, a cobrança constante por uma resposta, pode comprometer qualquer possibilidade de relação futura.

O problema central aqui é a falta de empatia. Hoje, mais do que nunca, as pessoas têm dificuldade de se colocar no lugar do outro. No entanto, essa é uma das habilidades mais importantes para quem deseja construir bons relacionamentos e, consequentemente, bons negócios.

Desde o início deste livro, enfatizei a importância de entender se um produto resolve um problema real, se a comunicação está sendo eficiente e se a conexão com o cliente está sendo bem estabelecida. Para alcançar esses objetivos, é fundamental adotar a perspectiva do outro. Se você tem o hábito de ser insistente ou inconveniente, talvez precise reavaliar sua abordagem.

EVITE A CRÍTICA EXCESSIVA

Outro fator que pode afastar potenciais clientes, parceiros e oportunidades é a **crítica desmedida**. Vivemos tempos de extrema ansiedade e insegurança, amplificadas pelas redes sociais. No Instagram, todos parecem ter vidas perfeitas. No LinkedIn, carreiras impecáveis. No Facebook, amizades abundantes. Essa constante exposição à suposta perfeição dos outros gera um sentimento de inadequação e frustração.

Pessoas angustiadas e inseguras tornam-se, naturalmente, mais sensíveis à crítica. Em um ambiente já carregado de tensões, qualquer comentário pode ser interpretado como uma provocação ou um ataque. Por isso, antes de criticar, reflita: **essa observação é mesmo necessária?**

Se houver algo positivo a destacar, elogie. Mas que seja um elogio sincero, e não uma mera formalidade ou bajulação. Se for para expressar um reconhecimento, faça-o sem reservas. E evite o hábito de finalizar elogios com um **"mas"**. Dizer **"Você fez um ótimo trabalho, mas..."** pode anular completamente o impacto positivo da primeira parte da frase. Se for necessário fazer uma

202 | O guia definitivo para empreender com sucesso

crítica, que ela seja feita em outro momento, sem diminuir o valor do elogio.

Criar um ambiente positivo e acolhedor nos relacionamentos profissionais e comerciais abre portas. **Não obrigue as pessoas a irem até você; crie as condições para que elas queiram se aproximar.**

Há um ensinamento poético que diz que *não devemos correr atrás das borboletas, mas sim cuidar do jardim para que elas venham até nós.*

Esse conceito pode ser perfeitamente aplicado aos negócios. Em vez de perseguir clientes de maneira insistente, concentre-se em construir algo que valha a pena. Se você oferecer um serviço excepcional, um produto de qualidade e tiver uma comunicação eficaz, as pessoas se interessarão pelo que você tem a oferecer com naturalidade.

O esforço deve estar na excelência daquilo que você faz. O cliente precisa sentir que vale a pena entrar em contato com você, e não que está sendo pressionado a isso.

Não deveria ser um incômodo para os outros ter você por perto. A relação ideal não é aquela em que alguém responde uma mensagem sua apenas para evitar insistências. O objetivo deve ser o oposto: que a pessoa fique genuinamente feliz ao ver seu nome aparecer no visor do celular, ao receber uma mensagem ou uma ligação sua.

COMPARTILHAR MÉRITOS

Outra característica essencial para fortalecer relações de negócios é o reconhecimento de todos que contribuíram para o seu êxito.

Se você alcançou um grande resultado – seja um recorde de vendas, um crescimento significativo na empresa ou um marco pessoal –, dificilmente isso aconteceu apenas pelo seu esforço individual.

Quando estiver no momento de celebrar uma conquista, divida os méritos com aqueles que ajudaram a torná-la possível. E faça isso publicamente. Esse gesto fortalece laços e mostra que você valoriza as pessoas ao seu redor.

As pessoas preferem fazer negócios com quem sabe reconhecer o valor dos outros. Ninguém gosta de trabalhar com alguém que atribui todo o sucesso a si mesmo. Negócios bem-sucedidos são construídos em parcerias, e bons parceiros são aqueles que sabem reconhecer e valorizar a colaboração.

Existe uma frase de que gosto muito: "Servir para vir a ser."

Para se tornar alguém reconhecido, respeitado e desejado por perto, é necessário antes servir. Isso significa contribuir, colaborar, ajudar, muitas vezes sem esperar uma recompensa imediata. O simples ato de servir já é, por si só, transformador.

E embora o objetivo ao servir não deva ser a busca por ganhos imediatos, esse tipo de atitude inevitavelmente fortalece a reciprocidade na vida e nos negócios. Quem adota uma postura generosa e colaborativa constrói um ambiente mais favorável para o crescimento.

DEIXE ESPAÇO PARA OS OUTROS

Muitas vezes, temos a tendência de monopolizar as conversas, de querer ter sempre a última palavra ou de sentir necessidade

204 | O guia definitivo para empreender com sucesso

de contar a melhor história da mesa. No entanto, essa postura pode afastar as pessoas ao invés de aproximá-las.

O excesso de competitividade na comunicação pode ser desgastante. Às vezes, a melhor escolha é simplesmente permitir que os outros expressem suas opiniões sem a necessidade de rebater cada ponto. Em certos momentos, vale lembrar do dito popular: *"O que você prefere: estar certo ou ser feliz?"*

Nem todas as discussões precisam ser vencidas. Nem todo argumento precisa ser rebatido. Criar espaço para que os outros se expressem, sem a necessidade de impor sua visão em todas as ocasiões, fortalece os laços e melhora os relacionamentos. Lembre-se, prosperar nos negócios também é, em grande parte, sobre **fazer com que os outros sintam que vale a pena estar ao seu lado**.

EVITE ESTEREÓTIPOS E CONSTRUA CONEXÕES AUTÊNTICAS

Um ponto-chave na comunicação – seja em um ambiente profissional, em uma palestra ou em qualquer interação social – é evitar o uso de estereótipos. Esse cuidado é essencial porque certas expressões, piadas ou exemplos podem acionar gatilhos pessoais e gerar uma antipatia imediata e irreversível.

Muitas vezes, carregamos estereótipos sem sequer perceber. São expressões que ouvimos de familiares, brincadeiras que faziam parte do ambiente escolar ou frases que se naturalizaram ao longo dos anos. No entanto, algumas dessas palavras ou comentários carregam uma conotação preconceituosa, ofensiva ou pejorativa, ainda que essa não seja a intenção.

O impacto dessas expressões pode ser profundo. Para quem ouve, pode remeter a experiências de sofrimento vividas por você mesmo ou por alguém próximo. Pode lembrar um irmão que enfrentou discriminação, um pai ou uma mãe que lidaram com dificuldades por conta de um rótulo social. O ideal, portanto, não é apenas evitar o preconceito por uma questão estratégica, mas porque ser um bom comunicador passa, antes de tudo, por ser um ser humano atento e respeitoso com os outros.

Já participei de reuniões nas quais, logo no primeiro contato, alguém fez um comentário infeliz – uma piada inadequada, uma brincadeira que revelava um viés problemático. No mesmo instante, senti um desconforto e pensei: **"Nunca mais quero fazer negócio com essa pessoa."** Talvez minha reação tenha sido exagerada, talvez aquela pessoa não tivesse má intenção. Mas é assim que funciona a percepção humana. Pequenos deslizes podem causar um impacto negativo irreversível.

Portanto, a regra é simples: **menos é mais**. Especialmente no início de um relacionamento profissional ou em uma comunicação ampla, é fundamental adotar uma abordagem neutra e respeitosa. Mantenha a simplicidade. Como dizia Leonardo da Vinci, *"a simplicidade é o auge da sofisticação"*.

Uma vez ouvi de uma amiga a seguinte frase: **"Não temos uma segunda chance para causar uma primeira boa impressão."** Guardei essa lição para sempre – e recomendo que você faça o mesmo.

CONSTRUINDO UMA IMAGEM PROFISSIONAL FORTE

No capítulo anterior, discutimos o impacto das primeiras impressões e como elas moldam a percepção de um indivíduo ou empresa. A primeira impressão não é apenas uma formalidade: é um dos principais determinantes da forma como seremos lembrados.

Por isso, é fundamental que, ao expandir um negócio ou ao iniciar um novo projeto, você tenha atenção redobrada à maneira como se apresenta ao público. Pequenos deslizes no início podem exigir um grande esforço posterior para serem corrigidos.

Dessa forma, evite tentar ser "genial" em um primeiro encontro, como tentar prever exatamente o que fará seu cliente rir ou o que ele apreciará. Foque no essencial. **Seja direto, claro e relevante.**

Se fosse necessário resumir tudo isso em uma única recomendação, eu diria: **seja útil para o seu cliente e para o mundo**. Mas não no sentido utilitário estritamente econômico. Ser útil não significa apenas gerar lucro ou entregar um serviço. Significa agregar valor genuíno às pessoas ao seu redor.

Imagine uma pessoa que mora isolada no campo, cultiva sua própria horta, cuida da terra e respeita a natureza. Essa pessoa, mesmo sem envolver-se diretamente com o mercado, ainda assim contribui para o mundo. A utilidade transcende o contexto dos negócios. Mas, claro, essa mentalidade também pode ser aplicada ao mundo corporativo: se você quer que as pessoas se aproximem de você, que queiram fazer negócios com você, que fiquem felizes ao ver o seu nome em uma notificação, seja alguém útil.

O VERDADEIRO SIGNIFICADO DO *NETWORKING*

Construir uma rede de contatos (o famoso *networking*) não significa simplesmente acumular conexões, mas sim cultivar relacionamentos estratégicos a médio e longo prazo.

É essencial compreender que **não existe atalho para o sucesso**. Se a sua estratégia de crescimento se baseia apenas em associar sua imagem ao sucesso de outras pessoas, há um grande risco de ser percebido como oportunista – e, eventualmente, ser evitado.

Existe outro ditado popular que diz: *"As pessoas só veem as pingas que a gente toma, mas ninguém vê os tombos que a gente leva."*

Olhando de fora, pode parecer que empresas bem-sucedidas surgem da noite para o dia. Mas ninguém vê as dificuldades enfrentadas, as noites sem dormir, as decisões arriscadas e os obstáculos que foram superados ao longo do caminho.

Um exemplo disso é a trajetória do Instituto Conhecimento Liberta (ICL). Foram quase 10 anos de trabalho desde as primeiras conversas, em 2017, até a consolidação do projeto. Hoje, muitas pessoas me procuram sugerindo parcerias oportunistas, dizendo: "Vamos unir nossos negócios e vender juntos, e eu lhe dou 10%." O que elas não percebem é que esse tipo de proposta ignora toda a nossa construção prévia.

O crescimento sustentável exige **autenticidade, consistência e esforço próprio. Não há carona para o sucesso.**

Claro, ao longo da jornada, pessoas contribuirão com você. Ninguém constrói um negócio sozinho. Mas a responsabilidade

208 | O guia definitivo para empreender com sucesso

da construção precisa ser sua. Se você for visto como alguém que apenas busca se aproveitar do trabalho alheio, sua reputação será prejudicada.

Não se constrói uma empresa de sucesso apenas tirando selfies ao lado de pessoas influentes. O máximo que se consegue com isso são pequenos momentos de visibilidade passageira – e nada mais.

Muitas pessoas buscam uma solução mágica para o sucesso nos negócios – uma "bala de prata" que resolva tudo. Mas essa bala de prata simplesmente não existe. O sucesso é construído pela **repetição de ações corretas ao longo do tempo.** É isso que sustenta um negócio: trabalho consistente, aprendizado contínuo, ajustes estratégicos e dedicação diária.

No primeiro capítulo deste livro, falei sobre o caminho óctuplo do budismo, que inclui conceitos como correta visão, correta intenção, correta comunicação, correta ação e correta conduta. Ter uma ideia não é suficiente – é preciso executá-la e sustentá-la.

No início de qualquer empreendimento, a empolgação pode mascarar os desafios reais. Mas, com o tempo, problemas surgirão: questões financeiras, dificuldades operacionais, obstáculos inesperados. **O que diferencia quem prospera daqueles que desistem é a capacidade de manter a consistência mesmo diante das dificuldades.**

Muitas pessoas tentarão vender soluções fáceis. Prometerão estratégias infalíveis, cursos milagrosos, métodos que garantem sucesso instantâneo. Mas nada disso é real. O que funciona, de fato, é o processo contínuo de aprendizado, adaptação e resiliência.

OS 15 MINUTOS DE FAMA NÃO SÃO O OBJETIVO

Vivemos em tempos nos quais a busca pela visibilidade instantânea se tornou uma obsessão. No entanto, os chamados "15 minutos de fama" não resolvem nada.

Hoje, o tempo de exposição é ainda mais curto – muitas vezes, reduzido a 15 segundos de fama em um vídeo viral. Mas essa visibilidade passageira não constrói negócios sólidos.

Obcecar-se por viralizar um conteúdo pode desviar sua atenção, consumir seus recursos e gerar frustração. O reconhecimento verdadeiro surge como consequência de um trabalho bem-feito ao longo do tempo. Se o sucesso fosse medido apenas pela fama instantânea, ex-participantes de reality shows seriam grandes CEOs. Sabemos que não é assim que funciona.

Muitas pessoas acreditam que basta conseguir um post em um canal influente ou um espaço publicitário de grande alcance para transformar um negócio. No entanto, nenhuma exposição, por maior que seja, substitui uma estratégia bem estruturada. O sucesso sustentável vem do trabalho árduo, da consistência e da entrega de valor real ao público. Construa seu caminho com autenticidade, e os resultados virão como consequência.

Há pessoas que se tornam muito reativas quando não recebem a ajuda ou a atenção que desejam no tempo esperado. Para elas, se você não colabora no momento exato em que pedem, rapidamente se torna *persona non grata*. Mas a verdadeira construção de um negócio está na consistência. Ser relevante não é um evento isolado – **é um hábito diário**. Torne-se útil, torne-se confiável. **Replique suas boas práticas, corrija seus erros e**

210 | O guia definitivo para empreender com sucesso

mantenha a disciplina. Se a cada dia você der um pequeno passo, no futuro olhará para trás e se surpreenderá com a trajetória percorrida.

Não estou sugerindo que você ignore boas oportunidades de exposição, entrevistas ou eventos importantes. A questão é não depender exclusivamente disso para o sucesso. A chave é ter discernimento e estratégia, diferenciando ruído momentâneo de um caminho consistente e sólido.

COMO COMPETIR COM EMPRESAS MAIORES?

Se você está entrando em um mercado já dominado por grandes empresas, precisará adotar estratégias inteligentes para se destacar. Mas como competir com empresas que já possuem uma estrutura consolidada?

Um dos caminhos mais eficazes é **usar o tamanho delas a seu favor.**

Muitas pessoas acreditam que as grandes empresas sempre terão a vantagem de praticar o menor preço. No entanto, essa percepção nem sempre é verdadeira, especialmente diante das transformações tecnológicas.

Um exemplo prático que podemos dar dentro de casa: nosso canal, o Instituto Conhecimento Liberta (ICL), opera um canal de notícias e programas informativos. Para fins didáticos, podemos compará-lo a uma emissora de TV tradicional. No entanto, enquanto redes como Globo, Band e Record possuem uma infraestrutura cara e complexa – com câmeras que podem

Conselhos de Eduardo Moreira para quem quer empreender | **211**

custar até centenas de milhares de reais –, o ICL utiliza um modelo muito mais enxuto e eficiente. Isso é uma vantagem competitiva enorme.

Mas isso só é possível porque fomos capazes de perceber que a linguagem da mídia mudou e nos adaptamos a ela. Hoje, a maioria das pessoas assiste a conteúdo pela internet, tornando obsoletas ou desnecessárias muitas das estruturas utilizadas pelas grandes redes de televisão. O resultado? Com custos significativamente menores, conseguimos alcançar uma audiência mais abrangente do que alguns dos maiores canais de comunicação em determinados horários do dia.

Esse princípio vale para qualquer setor.

Se sua empresa não pode competir em preço, concorra em qualidade.

Imagine um pequeno produtor de chocolates artesanais. Ele jamais conseguirá competir com as grandes marcas em termos de escala e preço. No entanto, pode oferecer um produto diferenciado, com um processo de produção exclusivo, de alta qualidade, que as grandes empresas do mercado não conseguiriam replicar sem comprometer sua própria estrutura.

Se possível, busque competir **tanto em preço quanto em qualidade**. Mas, caso não consiga, escolha um deles e posicione-se de forma que seus concorrentes maiores não consigam replicar seu diferencial sem comprometer sua própria operação.

No ICL, por exemplo, oferecemos mais de 300 cursos por menos de 50 reais por mês, e, para aqueles que não podem pagar, damos acesso gratuito. Nenhuma empresa educacional do Brasil consegue concorrer conosco nesse modelo, porque a estrutura delas não permite. Se tentassem replicar, a conta deles não fecharia.

212 | O guia definitivo para empreender com sucesso

ESCOLHA SUAS BATALHAS

Muitas vezes, empreendedores entram em disputas desnecessárias, motivados por vaidade ou desejo de reconhecimento. Mas, antes de provocar ou desafiar um concorrente maior, pergunte-se: você está preparado para lidar com as consequências?

Brigar apenas por status ou para ganhar notoriedade pode ser um erro estratégico. Há um momento certo para posicionar-se de forma competitiva, e há momentos em que o silêncio é a melhor decisão. É como diz a passagem bíblica: **"Há tempos de guerra e tempos de paz."**

Se alguém entra em um confronto sem estar preparado, corre o risco de ser esmagado. É preciso ter estrutura, estratégia e resistência para suportar os impactos de uma disputa no mercado. Nada prejudica mais um negócio do que um ego inflado. Como discutido em capítulos anteriores, o ego é um dos principais inimigos do crescimento. Vivemos em tempos nos quais ele é constantemente atiçado, mas ceder a impulsos egoicos pode levar a decisões desastrosas.

OPORTUNIDADES TECNOLÓGICAS E EFICIÊNCIA

A evolução tecnológica trouxe mudanças que favorecem aqueles que estão entrando no mercado agora. Hoje, é possível iniciar um negócio com uma estrutura mais enxuta e eficiente do que a das empresas que surgiram há 10, 20 ou 30 anos.

Desde o uso da inteligência artificial até softwares mais intuitivos, passando por equipamentos de alto desempenho a custos reduzidos, as ferramentas disponíveis hoje permitem que um novo negócio comece de forma muito mais eficiente do que aqueles que já operam há décadas.

As grandes empresas possuem a vantagem da experiência e do mercado consolidado, mas carregam estruturas complexas e difíceis de modificar. Você, que está começando, tem a vantagem da flexibilidade.

Por isso, evite iniciar com uma estrutura errada. Escolha um modelo eficiente desde o começo para evitar custos desnecessários. Investir um pouco mais em tecnologia moderna pode fazer a diferença entre o sucesso e o fracasso do seu negócio. Lembre-se: utilizar a tecnologia a seu favor pode ser um de seus maiores trunfos. Torne-se mais eficiente, reduza custos e explore os pontos fracos da estrutura dos grandes concorrentes, que não conseguem se adaptar rapidamente.

O DESAPEGO COMO ESTRATÉGIA

Com o passar do tempo, o jogo vira e os novos concorrentes terão vantagens sobre você. Assim como hoje você pode competir com grandes empresas graças às novas tecnologias, no futuro alguém fará o mesmo contra o seu negócio.

E aí é importante lembrar que a pior armadilha em que um empreendedor pode cair é o apego excessivo ao que construiu.

214 | O guia definitivo para empreender com sucesso

Muitas vezes, a grande transformação de uma empresa não está em adotar algo novo, mas em abrir mão do que já não funciona.

Grave este ensinamento com muito carinho: "Às vezes, a melhor mudança não vem da adição de algo novo, mas da remoção de algo antigo."

No entanto, desapegar-se de uma prática, produto ou estratégia que funcionou no passado pode ser extremamente difícil. Você pode hesitar: "Mas essa foi a linha de produtos que me tornou conhecido." "Este é nosso DNA." "Temos uma dívida eterna em relação a esta marca." O medo de abandonar algo que já foi bem-sucedido pode ser paralisante. Mas a realidade é que manter algo apenas por apego pode consumir tempo, dinheiro e energia que poderiam ser direcionados para oportunidades mais promissoras.

O segredo do sucesso sustentável não é apenas crescer, mas **saber quando mudar e quando abandonar o que não funciona mais.** Portanto, faça uma reflexão: há algo em seu negócio ou em sua abordagem que precisa ser deixado para trás?

Ter a coragem de se desapegar pode ser a chave para a transformação mais significativa por que sua empresa – e sua trajetória profissional – já passou.

A VERDADE COMO PILAR DO SUCESSO

Se há um princípio que deve guiar sua trajetória profissional e empresarial, é este: a verdade sobre seu negócio sempre será o melhor caminho para crescer. Trabalhar com transparência

Conselhos de Eduardo Moreira para quem quer empreender | 215

fortalece a confiança, evita armadilhas e constrói uma base sólida para o futuro.

Já mencionei esse ponto em outro capítulo, mas reforço porque ele é fundamental. Nunca construa seu negócio com base em mentiras ou enganação. Toda empresa que tenta mascarar sua operação, esconder sua fonte de receita ou camuflar sua lógica de funcionamento está, na realidade, criando um problema crescente – um monstro que, com o tempo, se torna cada vez mais difícil de controlar.

Se a estrutura do seu negócio depende de manter certos aspectos ocultos, isso significa que, cedo ou tarde, você estará preso à própria armadilha que criou. E pior: quando a verdade vier à tona – porque ela sempre vem –, a credibilidade será comprometida, muitas vezes de forma irreparável.

O mercado sabe que uma empresa existe para gerar lucro. Como mencionei no primeiro capítulo, o capitalismo é uma grande competição, uma disputa constante por espaço e atenção. É essencial compreender essa realidade, independentemente da visão crítica que possamos ter do sistema.

Eu próprio sou um dos críticos mais ferrenhos do modelo capitalista, mas por necessidade atuo dentro dele para que minha mensagem chegue às pessoas. Para que o ICL alcance um público amplo, preciso disputar espaço com gigantes como Globo, Band, Record e SBT. Se quero fazer diferença, preciso vencer essa disputa – e não posso fazer isso baseado em ilusões ou falsas promessas.

Por isso, a transparência é essencial. Não significa expor sua estratégia de negócios em detalhes, mas garantir que seu público compreenda claramente a proposta do seu empreendimento.

216 | O guia definitivo para empreender com sucesso

No caso do ICL, por exemplo, não trabalhamos com propaganda, monetização de vídeos ou patrocínios comerciais. Nossa única fonte de receita são as mensalidades dos cursos. Isso é explicitado desde o início, pois sabemos que qualquer ambiguidade pode gerar desconfiança. As pessoas sabem que há custos operacionais envolvidos: estúdios, produção de conteúdo, equipe, professores. E entendem que temos de cobrar um valor para oferecer alguns de nossos serviços e produtos, caso contrário não teríamos como bancar esses custos. A confiança é a base de qualquer relação.

A sensação de "ser passado para trás" provoca uma reação instintiva muito perigosa e ruim em qualquer um. Esse fenômeno tem raízes profundas: ao longo da evolução, fazer parte de um grupo foi essencial para a sobrevivência humana. Quem enganava o grupo colocava todos os seus integrantes em risco e portanto não merecia mais fazer parte dele.

Nas relações comerciais, essa lógica se mantém: quando um cliente percebe que foi enganado, a confiança é quebrada – e, muitas vezes, de maneira irreversível. A frustração gerada por expectativas não correspondidas é um dos maiores riscos para qualquer empresa.

Uma relação baseada na verdade, por outro lado, permite que erros e desafios sejam compreendidos de forma natural pelos clientes. Todos sabemos que nem sempre as coisas sairão como planejado e, quando há transparência, se isso ocorrer não resultará em perda de confiança.

Por isso, um conselho simples, mas essencial: **caminhe sempre pela via da transparência e da verdade.**

O VALOR DA LEALDADE

Outro pilar fundamental para o crescimento sustentável é a lealdade. Sempre seja leal aos seus primeiros clientes, fornecedores, colaboradores e apoiadores. Isso não significa que você tenha uma dívida com essas pessoas, mas que deve cultivar a gratidão e reconhecer o papel que tiveram na construção do seu caminho.

No ICL, por exemplo, muitos dos nossos primeiros alunos hoje trabalham conosco. Temos por exemplo ex-alunos que se tornaram comentaristas de nosso noticiário e outros que viraram nossos professores depois de terem se formado em nossos cursos.

Essa relação de confiança e parceria não foi construída por interesse ou obrigação, mas surgiu naturalmente. O reconhecimento mútuo fortaleceu os laços e abriu oportunidades para novas colaborações.

A lealdade é uma das características mais raras e, talvez por isso mesmo, uma das mais valorizadas no ambiente profissional. Ser leal pode ser difícil, mas é uma das maiores qualidades que alguém pode cultivar.

OPORTUNIDADE TEM TODO DIA

Há um ditado popular que diz: "Oportunidade é como cavalo selado: se não aproveitar quando passa, pode nunca mais ter outra chance." Essa é uma das maiores mentiras que existem. Na realidade, oportunidade é como feira livre: existe todos os dias.

218 | O guia definitivo para empreender com sucesso

O mercado e as pessoas frequentemente tentam fazer você acreditar que uma oportunidade é única, porque querem vender algo, convencê-lo a aceitar uma proposta ou induzi-lo a tomar uma decisão precipitada. Não caia nessa armadilha.

Se alguém lhe disser "Se não comprar este apartamento hoje, o preço subirá e você perderá a chance", pare e reflita. Quantos prédios estão sendo construídos? Quantos imóveis estão disponíveis? Pode até ser um bom negócio, mas você tem tempo para avaliar. A urgência, muitas vezes, é uma tática de venda como mostramos no capítulo dos gatilhos mentais.

Claro, algumas oportunidades serão perdidas. Mas, no médio e longo prazo, a vida me mostrou que quem analisa com cautela toma melhores decisões do que quem age movido pelo medo de perder uma chance. Isso não significa que você deva ser lento ou procrastinar. Decisões devem ser ágeis, mas bem embasadas. Faça as contas, avalie os riscos e reflita antes de mergulhar em um negócio apenas porque parece ser "a última chance da sua vida".

Se houver uma grande dúvida incomodando-o antes de fechar um negócio, tente identificar se ela vem de uma insegurança natural – que todos enfrentamos ao tomar grandes decisões – ou se há algo mais profundo sinalizando que aquele não é o caminho certo.

Ao longo deste livro, falei bastante sobre ciência, dados e metodologias comprovadas. Mas agora, no último capítulo, sinto que tenho liberdade para dar um conselho um pouco diferente: **fique atento a sua intuição.**

Isso pode parecer contraditório, mas a experiência me deu provas de que a intuição, quando combinada com análise e planejamento, pode ser um dos ativos mais valiosos de um empreendedor. Não estou dizendo para tomar decisões sem critério, mas sim para respeitar os sinais internos. Se algo parecer errado, investigue. Se a dúvida for persistente, avalie com mais profundidade.

A CONSTRUÇÃO DE UM TIME DE EXCELÊNCIA

Mais um conselho: **não tente convencer ninguém a continuar na sua empresa.** Se uma pessoa não quer mais estar ali, insistir para que fique só criará problemas futuros. Uma equipe verdadeiramente forte não é formada apenas por pessoas que estão ali por pressão ou necessidade financeira, mas por aqueles que acreditam no propósito da organização.

Quando alguém chega e diz "Não estou mais motivado para trabalhar aqui", minha resposta nunca é "Por favor, fique".

É claro que uma conversa pode acontecer para entender as razões, especialmente se a dúvida for sobre os rumos da empresa. Mas, se a pessoa já decidiu sair, forçar uma permanência não será positivo para ninguém.

Isso vale também para contratações. Se um candidato não demonstra interesse genuíno pela vaga, não tente convencê-lo. O entusiasmo e a identificação com o propósito do seu negócio são essenciais para formar uma equipe comprometida.

Sinceramente, acho que o mesmo vale para relações pessoais. Se for preciso convencer alguém a estar ao seu lado, essa relação não terá solidez.

220 | O guia definitivo para empreender com sucesso

No fim das contas, um grande negócio não é feito apenas de boas estratégias, mas de boas pessoas – aquelas que querem estar ali porque acreditam no que fazem.

Há um conselho que considero fundamental e que li em um livro de Clayton Christensen, autor já mencionado em capítulos anteriores. Ele afirma que na vida **é mais fácil ser 100% do que 98%**. À primeira vista, essa ideia pode parecer contraintuitiva, mas faz muito sentido. O argumento do autor é simples: **transformar um comportamento em hábito é muito mais eficaz do que viver constantemente abrindo exceções.**

Tomemos como exemplo uma pessoa que superou um vício, seja ele em substâncias químicas, jogos de azar ou qualquer outro comportamento compulsivo. Para um ex-dependente, não há espaço para "só um pouco" ou "apenas uma vez". Uma única exceção pode ser o gatilho para uma recaída completa. Essa lógica também se aplica a outras áreas da vida: ser correto, ser leal, ser íntegro em 100% do tempo é mais fácil do que tentar ser 98% do tempo.

Quando se mantém um princípio sem desvios, o esforço necessário para sustentar essa decisão é menor. O contrário, porém, exige constantes negociações internas: "Hoje posso abrir uma exceção?", "Dessa vez não tem problema?". Essas pequenas concessões acabam gerando mais esforço do que simplesmente seguir um padrão estabelecido.

Portanto, defina seus valores e compromissos de maneira clara e siga-os integralmente. Isso não significa rigidez inflexível, mas sim coerência e disciplina naquilo que é essencial para você.

A VERDADE SOBRE AS TAIS "CRENÇAS LIMITANTES"

Deixei para o final uma expressão que se tornou um clichê no universo dos *coaches* e profissionais de desenvolvimento pessoal: as crenças limitantes.

Acompanho há muito tempo o discurso de inúmeros gurus que repetem incessantemente: "Você precisa se livrar de suas crenças limitantes", "São suas crenças limitantes que impedem seu sucesso", "A única coisa entre você e seus objetivos são suas crenças limitantes".

O problema desse argumento é que ele ignora um fato fundamental: **toda crença é, por natureza, limitante**. Sempre que acreditamos em algo, automaticamente excluímos outras possibilidades. Isso não é um problema – é uma necessidade.

Se você acredita que, ao girar a chave do carro, o motor será acionado, significa que descartou a crença de que o carro pode explodir ou que o volante desaparecerá misteriosamente caso você gire a chave. Eu só saio de casa em direção ao parque para me exercitar porque acredito que caminhar naquela direção me levará ao meu destino.

Se não acreditássemos em nada, sequer sairíamos de casa. Pior: não tomaríamos qualquer decisão. O desafio, portanto, não é eliminar nossas crenças limitantes – pois todas elas são –, mas sim escolher quais valem a pena.

As crenças que cultivamos definem nosso caminho. Quando você escolhe uma estrada, aceita automaticamente seus limites: há uma margem à direita e outra à esquerda. Se ultrapassar esses limites, sairá do trajeto.

222 | O guia definitivo para empreender com sucesso

Da mesma forma, quando adotamos um conjunto de crenças, estabelecemos direções para nossas decisões. O segredo não é rejeitar todas as crenças, mas abandonar aquelas que já não fazem sentido para focar nas que conduzem ao crescimento.

Ao longo da vida, acumulamos crenças que podem ter sido úteis no passado, mas que deixam de fazer sentido com o tempo. Algumas nascem de experiências da infância, traumas, influências externas ou simplesmente de visões de mundo que, ao amadurecermos, percebemos que não são mais válidas (ou úteis).

Por isso, é essencial um processo contínuo de reflexão e autoconhecimento: quais crenças ainda fazem sentido? Quais estão impedindo meu progresso? Quais me direcionam para onde realmente quero ir?

Ao definir um caminho claro, eliminamos distrações e otimizamos a energia empregada em cada ação. Com um propósito bem delineado, paramos de desperdiçar esforços em direções que não nos levam aonde queremos chegar.

Esse processo cria um estado conhecido como fluxo ou *flow* – um estado de plena presença e atenção em que as coisas acontecem com naturalidade. É aquele momento em que você lê vinte páginas de um livro sem perceber, realiza sua melhor performance em um esporte ou tem um dia excepcional de produtividade no trabalho, tudo isso sem a sensação de esforço. Você está tão alinhado com seu caminho que o esforço se torna quase imperceptível.

Esse estado, porém, não surge por acaso. Ele é resultado de estudo, dedicação e disciplina. Ao se cercar de boas leituras, buscar conhecimento em fontes seguras e aprender com pessoas que

Conselhos de Eduardo Moreira para quem quer empreender | 223

possuem experiências relevantes e comportamento ético, você será capaz de desenvolver um repertório que guiará suas escolhas de forma eficaz e consistente.

Espero que, ao longo deste livro, eu tenha oferecido ferramentas para que você possa construir essa base de conhecimento e orientação.

Como você pode perceber, este capítulo foi diferente dos anteriores. Enquanto os seis primeiros foram baseados na ciência – com metodologias, experimentos e conceitos testados –, neste compartilhei conselhos pessoais, fruto das minhas experiências e reflexões.

São insights que considero valiosos, mas que, como tudo na vida, podem evoluir. Se eu escrever um novo capítulo como este daqui a cinco anos, talvez alguns desses conselhos sejam diferentes.

Mas, no momento, este é o melhor que tenho a oferecer.

Que possamos seguir juntos nesta caminhada, sempre em busca de crescimento, aprendizado e fiéis ao propósito de construir um mundo melhor e mais justo.

Este livro foi composto na tipografia Minion Pro,
em corpo 11/16,2, e impresso em
papel off-white no Sistema Cameron da
Divisão Gráfica da Distribuidora Record.